融合型·新形态教材
复旦学前云平台 fudanxueqian.com

婴幼儿托育·早期教育系列教材

U0730626

托育机构组织管理

主 编

吴美蓉　朱晨晨

副主编

廖思斯　黎秀云

编 委（排名不分先后）

朱晨晨　陈 超　李丽君　吴珊珊

吴美蓉　赵 丹　廖思斯　黎秀云

编写单位

宁波卫生职业技术学院　祈初（厦门）托育服务有限公司

慈溪市翌辛巴托育服务有限公司

复旦大學 出版社

内容简介

本书以适应托育服务人才培养新要求为导向，介绍了托育机构创建、组织、管理中的基本理论、原则和方法。内容涵盖从托育机构设置到照护环境规划的组织过程，从托育机构保育活动、健康照护到安全防护以及人力资源的管理过程。教材编写紧跟婴幼儿托育服务发展新政策、新规定，注重教材内容前瞻性、导向性；紧密集合当前托育服务行业新形势、新业态，注重教材内容实践性、实用性；聚焦托育机构组织管理过程中的痛点、难点，注重知识性与可操作性，为托育机构创建者和管理者提供有益参考与借鉴。

复旦学前云平台
数字化教学支持说明

为提高教学服务水平，促进课程立体化建设，复旦大学出版社学前教育分社建设了"复旦学前云平台"，为师生提供丰富的课程配套资源，可通过"电脑端"和"手机端"查看、获取。

【电脑端】

电脑端资源包括 PPT 课件、电子教案、习题答案、课程大纲、音频、视频等内容。可登录"复旦学前云平台"www.fudanxueqian.com 浏览、下载。

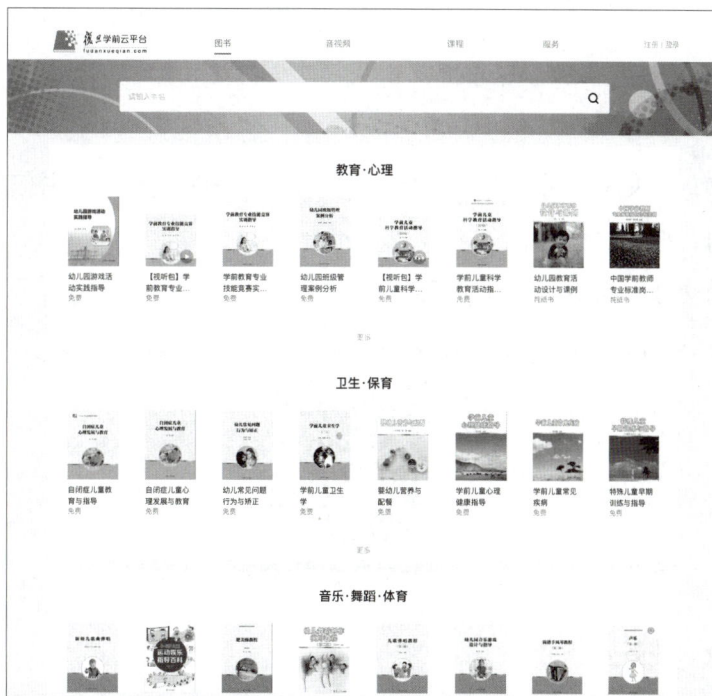

Step 1 登录网站"复旦学前云平台"www.fudanxueqian.com，点击右上角"登录 / 注册"，使用手机号注册。

Step 2 在"搜索"栏输入相关书名，找到该书，点击进入。

Step 3 点击【配套资源】中的"下载"（首次使用需输入教师信息），即可下载。音频、视频内容可通过搜索该书【视听包】在线浏览。

【手机端】

PPT 课件、音视频、阅读材料：用微信扫描书中二维码即可浏览。

扫码浏览

【更多相关资源】

更多资源，如专家文章、活动设计案例、绘本阅读、环境创设、图书信息等，可关注"幼师宝"微信公众号，搜索、查阅。

平台技术支持热线：029-68518879。

"幼师宝"微信公众号

【本书配套资源说明】

1. 刮开书后封底二维码的遮盖涂层。

2. 使用手机微信扫描二维码，根据提示注册登录后，完成本书配套在线资源激活。

3. 本书配套的资源可以在手机端使用，也可以在电脑端用刮码激活时绑定的手机号登录使用。

4. 如您的身份是教师，需要对学生使用本书的配套资料情况进行后台数据查看、监督学生学习情况，我们提供配套教师端服务，有需要的老师请登录复旦学前云平台（官方网址：www.fudanxueqian.com），进入"教师监控端申请入口"提交相关资料后申请开通。

前 言

　　本书为校企合作共编教材,立足托育服务机构实际,以适应托育服务人才培养新要求为导向,介绍了托育机构创建、组织、管理中的基本理论、原则和方法。内容涵盖托育机构设置、照护环境规划、保育活动组织、婴幼儿健康管理、安全防护以及人力资源管理等机构组织管理的全过程。教材编写紧跟婴幼儿照护服务发展新政策、新规定,注重教材内容前瞻性、导向性;紧密结合当前婴幼儿照护服务行业新形势、新业态,注重教材内容实践性、实用性;聚焦托育机构组织管理过程中的痛点、难点,注重知识性与可操作性。同时,教材融入托育机构实践案例,理论与实践并举,充分体现高职教材理实一体、专业与行业、职业与岗位对接的特点,具有很强的指导性和实践性,为托育机构创建者和管理者提供有益参考与借鉴。

　　本书第一单元、第二单元由赵丹、陈超、李丽君编写;第三单元、第七单元由朱晨晨、吴美蓉编写;第四单元由黎秀云编写;第五单元由吴珊瑚编写;第六单元由廖思斯编写。本书编写团队有较为丰富的婴幼儿照护服务和保教工作经验,亦得益于婴幼儿照护服务行业调研和科学研究工作,使本书具有源于实践、基于调研、便于实践的特点。

　　本书在编写过程中参考了大量的文献资料,借鉴或引用了很多专家、学者以及同行们的研究成果或观点,得到了祈初(厦门)托育服务有限公司和宁波市慈溪翌辛巴之家托育服务有限公司的大力支持,在此谨向他们表示感谢。由于时间及编者能力有限,本书难免会有疏漏之处,敬请广大师生与同行们指正。

编　者

目 录

第一单元
托育机构的创建

单元导读

本单元详细梳理了托育机构创办的流程,包括申请准备、审批、设施建设、机构命名、空间布局等多个环节。通过本单元内容的学习,学习者将能够全面了解托育机构的创建和管理,并具备在实际操作中应用所学知识和技能的能力。同时,也将促使学习者在托育行业中发挥积极的社会影响力,为儿童和家庭提供更好的服务与支持。

学习目标

知识目标
1. 了解托育服务机构的创办流程。
2. 熟悉托育机构的选址原则和选址要点。
3. 了解托育机构建筑的布置要求和安全标准。

能力目标
1. 学会进行托育机构制度建设。
2. 掌握托育机构命名的方法。
3. 掌握托育机构选址的方法。
4. 掌握托育机构园舍规划的方法。

思政目标
1. 树立法治意识,进行托育机构的建设能遵守相关的法律法规要求。
2. 养成"育人为本"的教育观,进行托育机构的建设能充分考虑婴幼儿的身心发展需求。
3. 强化社会责任感和职业道德,关注婴幼儿的身心健康、安全和幸福。

内容结构

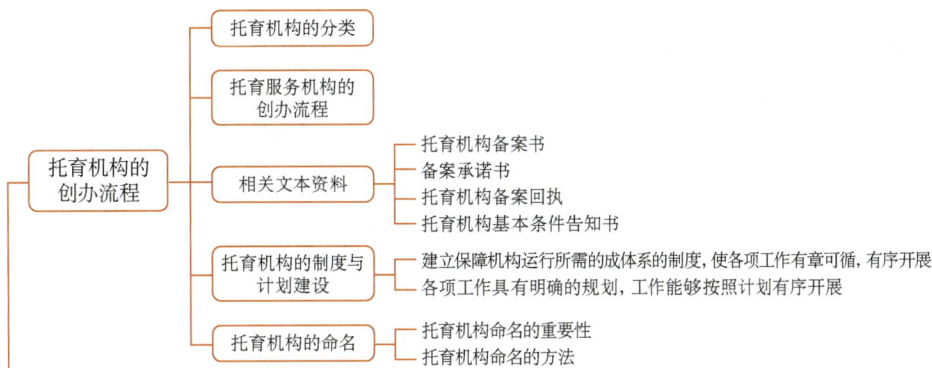

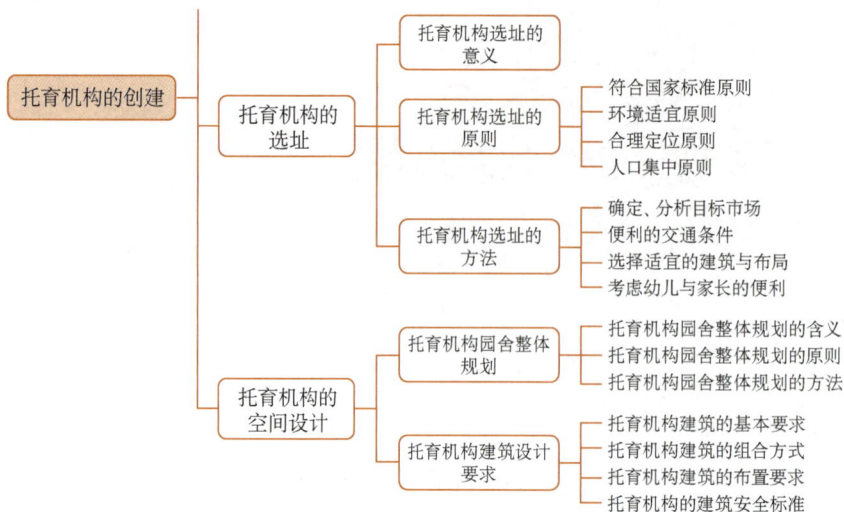

托育机构的创建
├── 托育机构的选址
│   ├── 托育机构选址的意义
│   ├── 托育机构选址的原则
│   │   ├── 符合国家标准原则
│   │   ├── 环境适宜原则
│   │   ├── 合理定位原则
│   │   └── 人口集中原则
│   └── 托育机构选址的方法
│   ├── 确定、分析目标市场
│   ├── 便利的交通条件
│   ├── 选择适宜的建筑与布局
│   └── 考虑幼儿与家长的便利
└── 托育机构的空间设计
    ├── 托育机构园舍整体规划
    │   ├── 托育机构园舍整体规划的含义
    │   ├── 托育机构园舍整体规划的原则
    │   └── 托育机构园舍整体规划的方法
    └── 托育机构建筑设计要求
        ├── 托育机构建筑的基本要求
        ├── 托育机构建筑的组合方式
        ├── 托育机构建筑的布置要求
        └── 托育机构的建筑安全标准

第一节 托育机构的创办流程

案例导入

本科就读于学前教育专业的米娜打算毕业后自主创业,她看中了目前发展迅猛的婴幼儿托育服务产业,计划在家乡创办一家托育服务机构,但不知道具体的创办流程是什么,有哪些手续,去哪个部门申请才能顺利创办一家托育机构。你知道如何帮助她吗?

为加强托育机构专业化、规范化建设,按照《国务院办公厅关于促进3岁以下婴幼儿照护服务发展的指导意见》(国办发〔2019〕15号)的要求,国家卫生健康委组织制定了《托育机构设置标准(试行)》和《托育机构管理规范(试行)》,自2019年10月8日起施行。目前托育机构的创办需按照相关文件规定与要求进行。

一、托育机构的分类

根据《中华人民共和国职业分类大典》(2015年版)中的职业与行业分类,婴幼儿托育服务所对应的行业是托儿所服务。以婴幼儿托育服务场域进行划分,婴幼儿托育服务可分为家庭内与家庭外照护,其中,家庭外的婴幼儿托育主要包括医疗机构(妇女儿童专科医院等)、月子中心、托幼一体化机构(开设托班的托幼一体化机构)、早托一体化机构(提供托育服务的早教机构)、托育机构(社区式托育、家庭托育点等),提供全日托、半日托、计时托、临时托等类型的托育服务,满足婴幼儿家长的多样化需求,照护人员主要为托育服务人员。根据托育服务机构的性质,又可以分为事业单位性质、非营利性和营利性三类。

二、托育服务机构的创办流程

根据《托育机构登记和备案办法(试行)》(国卫办人口发〔2019〕25号)的规定:举办事业单位性质的托育机构的,向县级以上机构编制部门申请审批和登记;举办社会服务机构性质的托育机构的,向县级以上民政部门申请注册登记;举办营利性托育机构的,向县级以上市场监督管理部门申请注册登记。托育机构申请登记时,应当在业务范围(或经营范围)中明确托育服务内容,名称中可包含"托育"字样。登记机关应当及时将托育机构登记信息通过共享、交换等方式推送至同级卫生健康部门。

托育机构应当及时向机构所在地的县级卫生健康部门备案,登录托育机构备案信息系统,在线填写托育机构备案书、备案承诺书,并提交以下材料扫描件:①营业执照或其他法人登记证书;②托育机构场地证明;③托育机构工作人员专业资格证明及健康合格证明;④评价为"合格"的《托幼机构卫生评价报告》;⑤消防安全检查合格证明;⑥法律法规规定的其他相关材料。提供餐饮服务的,应当提交《食品经营许可证》。

卫生健康部门在收到托育机构备案材料后,应当在5个工作日内提供备案回执和托育机构基本条件告知书。卫生健康部门发现托育机构备案内容不符合设置标准和管理规范的,应当自接收备案材料之日起15个工作日内通知备案机构,说明理由并向社会公开。托育机构变更登记、注销登记后,应当及时登录托育机构备案信息系统向卫生健康部门变更备案信息或报送注销信息。卫生健康、编制、民政、市场监管等部门应当将托育服务有关政策规定、托育机构登记和备案要求、托育机构有关信息在官方网站公开,接受社会查询和监督。

省级卫生健康、编制、民政、市场监管部门可结合当地实际情况制定实施细则。

三、相关文本资料

(一) 托育机构备案书

托育机构备案书

_____卫生健康委(局):

　　经_____(登记机关名称)批准,_____(托育机构名称)已于____年____月____日依法登记成立,现向你委(局)进行备案。本机构备案信息如下:

　　机构名称:

　　机构住所:

　　登记机关:

　　统一社会信用代码:

　　机构负责人姓名:

　　机构负责人身份证件号码:

　　机构性质:□营利性　　□非营利性

　　服务范围:□全日托　　□半日托　　□计时托　　□临时托

　　服务场所性质:□自有　　　□租赁

　　机构建筑面积:

室内使用面积：
室外活动场地面积：
收托规模：　　　　人
编班类型：□乳儿班　　□托小班　　□托大班　　□混合编班
联系人：
联系方式：
请予以备案。

备案单位：(章)
年　月　日

(二) 备案承诺书

备案承诺书

本单位承诺如实填报备案信息，并将按照有关要求，及时、准确报送后续重大事项变更信息。

承诺已了解托育机构管理相关法律法规和标准规范，承诺开展的服务符合《托育机构基本条件告知书》要求。

承诺按照诚实信用、安全健康、科学规范、儿童优先的原则和相关标准及规定，开展3岁以下婴幼儿托育服务，不以托育机构名义从事虐待伤害婴幼儿、不正当关联交易等损害婴幼儿及其监护人合法权益和公平竞争市场秩序的行为。

承诺主动接受并配合卫生健康部门和其他有关部门的指导、监督和管理。

承诺不属实，或者违反上述承诺的，依法承担相应法律责任。

备案单位：(章)
机构负责人签字：
年　月　日

(三) 托育机构备案回执

托育机构备案回执

编号：_____
_____年_____月_____日报我委(局)的《托育机构备案书》收到并已备案。
备案项目如下：
机构名称：
机构住所：
机构性质：
机构负责人姓名：

_____卫生健康委(局)(章)
年　月　日

（四）托育机构基本条件告知书

托育机构基本条件告知书

托育机构应当依照相关法律法规和标准规范开展服务活动，并符合下列基本条件：

一、应当符合《中华人民共和国未成年人保护法》《中华人民共和国建筑法》《中华人民共和国消防法》《托儿所幼儿园卫生保健管理办法》等法律法规，以及《托儿所、幼儿园建筑设计规范》《建筑设计防火规范》等国家标准或者行业标准。

二、应当符合《托育机构设置标准（试行）》《托育机构管理规范（试行）》等要求。

三、提供餐饮服务的，应当符合《中华人民共和国食品安全法》等法律法规，以及相应的食品安全标准。

四、法律法规规定的其他条件。

四、托育机构的制度与计划建设

案例链接

北京市托育机构
登记备案程序及
提交材料

（一）建立保障机构运行所需的成体系的制度，使各项工作有章可循，有序开展

无规矩不成方圆。没有制度就没有约束，没有制度也就无法有效地激励。制度的订立，根本意义在于节约管理过程中的沟通成本，通过预先划定权利、责任、程序、方法等来提升工作效率。好的制度还能提供良好的规范，促使照护服务标准化、规范化发展，促进保育人员的专业成长。

1. 科学合理的制度的特点

第一，它应当涵盖机构运行中可能发生的各种问题；第二，它应当明确而清晰地界定各方的权利与责任，并具体提出相应的规范性要求；第三，它应当包含简单明了的处理问题的程序。

对于制度，我们不应把它仅仅理解为静态的文本，而应视为一个动态的过程。在日常管理工作中，应当基于实际情况对各项制度持续不断地进行完善、调整，这一过程本质上是所有员工沟通协商、达成共识、形成共同愿景、塑造机构文化的过程。

2. 托育机构制度建设的要点

完备地制定管理所需的制度、规范，其中核心的制度或规范包括：①考核制度；②考勤制度；③奖惩制度；④安全管理制度；⑤卫生保健工作相关制度；⑥各项工作规范，如保育人员行为规范、一日活动各环节的规范等。

所制定的制度要具有较高的质量，即明确、具体、可操作，并且与本机构的实际工作状况和需要相符合。不是抽象地泛泛而谈，而是针对具体问题提出具体措施（如安全制度对于安全检查、应急处理等均作明确的规定）。不照搬或简单参照其他机构的制度，而是注重与本机构的实际需要相结合。

在日常工作中，认真、严格地执行和落实各项制度：①日常工作应当依照制度开展；②当遇到突发状况或意外问题时，能够依照制度，予以照"章"处理。

📋 **案例链接**

托育机构管理制度

第一部分　工作人员管理制度

一、职业道德规范

二、学习会议制度

三、教研工作制度

四、工作人员业务档案制度

五、工作人员健康管理制度

六、工作人员质量评价考核制度

七、考勤制度

八、工作人员奖惩制度

九、实习、试用人员制度

十、职工休假制度

十一、资料室借阅制度

第二部分　婴幼儿照护管理制度

一、婴幼儿作息制度

二、婴幼儿养护要求

三、婴幼儿安全管理制度

四、家长联系制度

五、交接班制度

六、婴幼儿接送制度

第三部分　安全与卫生管理制度

一、安全报告制度

二、安全保卫制度

三、前台安保制度

四、会计室安全制度

五、安全用电用水制度

六、消防安全制度

七、配餐安全制度

八、食品卫生消毒制度

九、食品留样制度

十、采购验收制度

十一、事故责任追究制度

案例来源：袋妈婴幼童托育中心

全面系统的制度，是实施有序管理的保障。案例中涵盖了托育机构日常运行中对人、事、物进行管理的各个方面，体系完整，内容详尽，值得参考。当然它并非一个放之四海而皆准的范本，每一家托育机构应当根据自身的管理方式、规模、发展阶段和需求确立适合自己的制度体系。

（二）各项工作具有明确的规划，工作能够按照计划有序开展

"凡事预则立，不预则废。"好的管理，就是制订计划、执行计划、监控计划、总结计划的循环上升的过程。项目管理泰斗科兹纳一针见血地指出："不做计划的'好处'，就是不用成天煎熬地监控计划的执行情况，直接面临突如其来的失败与痛苦。"托育机构工作事无巨细，如果凡事能做到谋定而动，并且在各项工作实施过程中不断地审视、监控计划，视情况作出必要的调整，就能够做到心中有数、统筹得当，收到事半功倍的效果。

好的计划应当是具体、全面、符合实际的，使得员工认可并能严格执行。好的计划还应当是开放的，允许进行一定的灵活调整，以面对未知的变化。此外，在计划执行结束后还应进行及时的总结、回

顾,为下一阶段的计划奠定基础、提供借鉴。托育机构工作规划的制订要点主要包括以下四个方面:

一是为各项工作制订明确的计划,重点包括招生工作、培训工作、教研工作、家长工作四方面的工作计划。这些工作计划不能停留在举办者、管理者的口头上或头脑中,而是应当落实到文本上,这样才能做到有章可循、有据可依。

二是各项工作计划具体、全面,即指向具体实际的工作,并且提出明确的工作内容、方法、时间,符合托育机构工作的实际。

三是在各项工作中落实工作计划。在计划执行过程中,可以对计划进行适当调整,但不抛开计划或让计划形同虚设。

四是在一段时期工作结束后,对计划进行反思和总结,并且提出未来调整完善的措施。

五、托育机构的命名

(一)托育机构命名的重要性

托育机构的名字是一所托育机构的象征和"眼睛",这个名字会伴随托育机构的成长,成为托育机构的一笔无形资产。好名字会带来好的影响力,获得好的效益。对于筹建中的托育机构,命名宜早不宜迟,早一点为自己的机构命名,可以方便与人交流,更早地进行形象宣传和信息发布。

(二)托育机构命名的方法

1. 以知名企业命名

有些企业为了扩大自己的经营领域,或者是为了更好地服务社会,树立自己的托育机构形象,也会涉足幼教领域,借助企业名称命名的名字比较容易打造品牌。

2. 以著名学府命名

为了表达自己想把孩子培养成为什么样的人,有时可以人才培养目标起名字,例如"清华园"等,会让人产生教育品牌的联想。

3. 以婴幼儿的童真命名

以婴幼儿喜爱的事物和婴幼儿天真烂漫的特点命名,可以给人一种活泼、充满婴幼儿教育特色的感觉,例如小豆子、阳光宝贝、大风车等。

4. 以字母或数字命名

以数字和字母命名,有时最能直接反映托育机构的形象,简练独特,令人记忆深刻,有些还有深刻的高意,例如三之三托育机构,三之三代表将幼儿教育划分为0~3岁和3~6岁两个教育阶段。两个数字就表达了教育的一体化特点,可谓简洁明快、耐人寻味。

5. 符合公众口味、审美和时代特色的命名

以公众口味命名的托育机构,如金钥匙、明星、金太阳等;以树木花鸟、植物和色彩起名的托育机构,如小坡树、蓝天、长颈鹿、小海色等;以时代特色命名的托育机构,如红缨、新干线、启明星、朝阳等。

📋 **知识拓展**

托育机构命名的范例

"卡乐卡蒂"(ColorKid)广告语为快乐色彩,命名创意是 ColorKid＝Color＋Kid,多彩的孩子,"卡乐卡蒂"意为快乐的、耀眼的孩子们。

"明朵早教中心"寓意为宝贝就像明亮阳光下快乐的花朵。

"贝翼托育机构"意为宝贝插上梦想之翼。

"七彩光托育机构"意为播种七彩种子,培育七彩未来! 普照七彩阳光,点亮七彩人生!

"连心托育机构"意为母子连心,心连心,放心。

"乐贝多托育机构"(Le Bedouin Kindergarten)寓意为快乐宝贝趣多多,幸福童年喜洋洋。

"启卓早教中心"启为启蒙,卓为卓越、优势。名称含义积极,读音向上,字形简单易记。

"七彩乐迪早教中心""七彩"寓意为儿童是祖国未来的花朵,各有各的色彩,相当于雨后彩虹。"乐迪"寓意为在快快乐乐的生活中指导孩子,开启他们的智慧。

案例来源:《托幼机构管理》,王海燕主编,清华大学出版社,2019.

总之,托育机构的命名要遵循形象生动、好听好记、寓意深刻的原则,避免使用生僻字、易读错音的字或难以辨认的字。

第二节 托育机构的选址

案例导入

米娜同学在了解到托育机构创办的大致流程和要求后,就着手开始具体创办,但在托育机构的选址上陷入纠结。选择回家乡创业,托育机构场地的租金肯定会便宜,但人口分布不够密集,招生方面可能存在困难;选择在城市里人口密集的小区附近,交通便利,招生相对容易,但场地的租金又较贵。一时,很难决定到底在哪里创办,也不知道托育机构在选址上有什么方法,装修建设有哪些标准与要求。你知道该如何帮助她吗?

一、托育机构选址的意义

托育机构选址是指托育机构在开办以前,投资人与负责人通过一定调查研究,根据一定的原则与方法,选定最适合开办托育机构的地址。选址是成功开办托育机构的重要因素,必须考虑托育机构的周边环境、交通情况、居民居住情况等,因为这些问题往往决定了托育机构能否成功开办。

《托育机构设置标准(试行)》和《托育机构管理规范(试行)》规定,托育机构在选址和建筑方面应当符合国家标准和行业标准,根据需要设置符合标准要求的生活用房、服务管理用房和供应用房。托育机构的房屋装修、设施设备、装饰材料等,应当符合国家相关安全质量标准和环保标准并定期进行检查维护。机构内的各种房屋及室外活动场地、温度湿度等,都需要考虑其环保性和安全性。

二、托育机构选址的原则

(一) 符合国家标准原则

0～3 岁的婴幼儿年龄小、能力弱,需要在高度安全的环境中生活、学习和运动。因此,我国对托育机构的选址和建设有严格的规定。对于 0～3 岁的婴幼儿来说,生命安全尤为重要,托育机构的选址必须把事关安全的因素放在首位,杜绝或避免意外伤害事故的发生。《托育机构设置标准(试行)》和《托育机构管理规范(试行)》明确规定:托育机构周围 150 米范围内没有加油站、加气站、输气和输油管道、高压供电设施、通信基站、医院、垃圾和污水处理场地等。

托育机构是实施婴幼儿护理和早期教育的场所,应当为孩子们提供健康、安全、环境优美的生活和活动环境。托育机构的选址还应考虑舒适性,选在地质条件好、环境适宜、风景优美、治安环境良好的地方。托育机构的建筑必须在坚持依法依规的前提下,整栋楼房设计符合婴幼儿生理和心理成长规律,确保安全卫生第一,做到功能完善、配置合理、绿色环保。由于婴幼儿身体尚未发育成熟,抵抗力弱,对外界环境适应能力差,因此,托育机构的整体环境首先必须确保婴幼儿安全、卫生、适用,其整体建筑设计应满足婴幼儿护理和早期教育的日常使用要求,整个环境有益于婴幼儿的身心健康成长。《托育机构设置标准(试行)》和《托育机构管理规范(试行)》两个文件明确规定:托育机构的整体建筑应符合国家工程建设标准和行业标准。比如,整体建筑物的楼高与楼间距、活动场地面积与环境创设设计、不同区域配备的设备设施等,都应按照国家相关规定进行合理规划和科学布局。在建筑设计方面还应遵循节约土地、能源等国家准则,符合环境保护的基本方针。

(二) 环境适宜原则

托育机构周围的环境对婴幼儿的健康、安全和成长具有至关重要的影响。因此,在选择地点时,需要考虑娱乐场所等场所是否过于靠近,以及是否靠近化工厂等污染严重的地方。托育机构周围 300～500 米的范围内应避免有过多的娱乐场所、加油站和化工厂等,这些地方可能会引发安全隐患和健康问题。具体来说,环境适宜包括以下四条原则。

第一,娱乐场所与托育机构之间应该保持适当的距离。在周围有太多的娱乐场所时,婴幼儿可能会受到干扰,影响学习和生活质量。此外,过多的娱乐场所也会增加婴幼儿离开托育机构的风险,因此需要谨慎考虑周围环境。

第二,托育机构也应该避免靠近加油站和化工厂等污染严重的区域。这些地区可能会引发空气污染和水质污染等健康问题,对婴幼儿的成长和健康产生不良影响。此外,与这些工厂隔绝一定距离的托育机构也能减少婴幼儿受到噪音干扰的可能性。

第三,在选择地点时,还需要确保土质层坚固且地势较高,以防止自然灾害的发生。对于一个托育机构来说,建立在地势高处可以避免因为自然灾害而引起的安全问题。此外,在进行选址时,应该注意避开各种危险因素,如洪水、山体滑坡、火灾等。

第四,环境适宜原则的核心是创造一个安全、舒适、健康的学习环境,以便婴幼儿得到更好的成长和发展。因此,在选择地点时,需要考虑周围的环境是否有利于婴幼儿的成长和发展。合理的选址可以为婴幼儿提供一个安全、稳定和温馨的托育环境,为他们的未来奠定坚实的基础。

(三) 合理定位原则

在选择托育机构的位置时,合理定位原则是一个非常重要的考虑因素。这意味着需要考虑周边的客户群体,以便将托育机构定位在最合适的位置。如果托育机构的定位是"高端"的,那么就应该在高收入水平群体的居住区附近建立;如果托育机构的定位是普惠性的,那么就应该在普通收入群体居住区附近建立。

具体来说,托育机构的定位应该与当地的经济情况和社会背景相匹配。如果所在地区收入水平较高,那么就应该考虑将托育机构定位为"高端"托育机构,并且选址在高收入人群集中的居住区附近。这样可以更好地吸引高收入客户,并为他们提供高品质的服务和教育。

相反,如果所在地区收入水平较低,那么就应该将托育机构定位为普惠性托育机构,并且选址在普通收入人群集中的居住区附近。这样可以更好地满足当地家庭的需求,并为他们提供高质量、可承受的托育服务。

同时,在选择地点时,还需要考虑公共交通的便利程度。这对于婴幼儿来说也是非常重要的。一个方便乘车的托育机构可以为家长节省时间和精力,并让孩子们更容易适应新环境。因此,在选址时,应该优先考虑靠近公共交通站台或者轻轨地铁等交通枢纽的位置,以便更多家庭能够轻松到达。

最后,合理定位原则的核心是创造一个符合社会需求的托育环境,为婴幼儿提供良好的成长和发展机会。因此,在进行选址时,需要综合考虑周边环境、经济情况、公共交通便利程度等多种因素,并遵循相关法规和标准,确保托育机构的定位与当地的社会背景相匹配,为婴幼儿提供高质量的托育服务和教育。

(四) 人口集中原则

人口集中原则是指在居民聚居的地方新建托育机构。这是因为人口密度高的地区相对于其他地区,通常生源也比较多,对于托育机构的需求量也大。此外,许多年轻家庭选择在新建小区购房,这些小区附近年轻人相对较多,孩子的出生率也比较高,后续的生源非常可靠。因此,在选择托育机构的位置时,应该优先考虑在人口密度高的地区,如商业繁华地带和住宅区等。

此外,除了增加托育机构的需求量之外,人口密集的地区还有其他一些优点。首先,这些地区的交通运输网络更加发达,这意味着父母可以更容易地接送孩子。其次,这些地区更容易吸引资本投入,以提供更好的教育条件和服务。由于经济发展水平高,儿童与家长之间的互动也会更加有力。最后,这些地区通常拥有更丰富的文化和娱乐资源,孩子们可以更轻松地接触到各种不同的知识和文化。

然而,在选择托育机构位置时,还需要注意一些问题。首先,应该考虑到新建小区的发展潜力以及生源的稳定性。其次,需要考虑当地政策法规的限制,例如,如果在商业繁华地区新建托育机构,需要了解相关的市政规划,以避免影响周围商业活动。最后,需要注意当地配套设施的完善程度,例如医院、交通等,以确保在建立托育机构基础设施时能够得到支持。

三、托育机构选址的方法

托育机构选址通常被认为是开办前的必备条件之一,理想的园址对经营的成功有着举足轻重的影响。

(一) 确定、分析目标市场

首先确定目标市场,其次是综合分析市场。确定目标市场,即确定在今后的发展中能容纳几所托育机构,然后再确定前期适合选址的目标区域,以免后期开发新托育机构造成资源浪费。对目标市场进行调查和分析,即了解当地居民的人均收入、消费水平及教育支出在家庭支出中所占的比例。了解当地所有知名的同行业托育机构名称、开设课程、开班形式、学费收费方式、收费标准、教室数量、教学设备、师资力量、教学特色、分支教学机构的分布情况(覆盖区城)、宣传模式及渠道、教学场所的装潢档次等。目标区域应选择学校比较集中、人口密度高、人口数量多、居住人年龄在 30 岁出头的成熟中高档小区。

（二）便利的交通条件

优良的园址应该靠近进出畅通的道路，只有在交通方便的地方设立托育机构，才能给家长提供方便，吸引更多的顾客。一般来说，与托育机构有关的街道应尽量交通便利、道路宽阔且附近最好有公交车站和停车场。

（三）选择适宜的建筑与布局

房屋结构要求双通道，确保消防进出。内部结构方正，柱子越少越好，提高利用率。尽量保证每个教室都有窗户，这样空气流通好、采光好。外部能安装广告牌的位置大，正对街面且无遮挡。水路、电路清晰且供量足，房屋产权清晰，无产权纠纷，物业管理费、水电费及其他费用清晰。各类证件齐全，比如房产证、土地证、房屋合格鉴定、水电费缴费账单等。在考察与选择地址的时候我们需要携带测量记录工具，包括卷尺、照相机、地图、铅笔、A4 纸、橡皮擦、直尺等。对房屋进行拍照，包括户外正面和侧面，对房屋内部结构拍照，附带房屋结构草图，便于进行装修设计。

（四）考虑幼儿与家长的便利

选址中会出现很多不可预测的变量，因此我们要学会在一个区域内寻找细微的差异来获取位置上的最大优势。例如，方位、当地主要建筑物或地势等都会对托育机构的招生造成影响。通常在有红绿灯的地方或越过红绿灯的位置最佳，因为既便于家长进入，又不会造成门口的拥堵。不同气候的城市园址也有优劣差别，在北方城市，如果园门朝风口（一般朝西北方向），冬季寒风会不断地侵袭，因此风口位置要慎选。有的地方前面有树木或建筑物等，这些物体可能影响园所的能见度，从而影响客流。

总之，托育机构园区位置是一项关乎发展的重要因素。在选址的过程中，不仅要从人口密度、地理环境、地形特点等常规的方面进行考量，还要从区域经济、收入水平、居住区规划等发展趋势加以考虑。另外，托育机构选址时，也要把道路的特点、建筑造型纳入考虑因素之中，综合考量多种因素，并借鉴其他托育机构的经验对选址进行评估论证，切忌盲目开办。

第三节　托育机构的空间设计

案例导入

经过反复调研、对比后，米娜决定将托育机构的地址选在某大型社区周边，在签订 3 年的场地租赁协议后，就着手联系装修公司启动装修建设工作。但在与装修公司具体洽谈中又遇到了新的问题，托育机构的空间与布局该如何进行合理的设计？有哪些具体的建筑要求？机构内的功能区域又该如何进行规划？

一、托育机构园舍整体规划

（一）托育机构园舍整体规划的含义

托育机构的投资人与负责人在选择并确定一个园址以后，依据托育机构的发展目标与方向，通过对托育机构的整体建筑、室内外环境进行综合评估与分析，制订出相应的整体规划。

托育机构园舍整体规划对于下一步进行具体装修与布置至关重要，它起到导向性作用，是后续具体物质准备的基础。

（二）托育机构园舍整体规划的原则

1. 以人为本原则

托育机构环境仅仅提供一个舞台、一个背景，婴幼儿才是真正的主人，这是园舍环境设计的基本原则。室外空间环境规划应体现"以人为本"的原则，强调婴幼儿在场所中的体验，强调婴幼儿在空间环境中的活动，所以园舍的整体规划应特别注意宜人性、多层次性，增加环境空间的安全感、领域感、归属感、舒适感和人性化。

2. 隐性教育作用的原则

托育机构的整体规划是一项充满创造力的工作。教育的目标应是激发幼儿的创造力与学习的热情和主动性。对园舍室内外空间进行合理设计，可以有效引导婴幼儿的行为，以达到隐性课堂的作用。

3. 整合性原则

在进行规划设计时，托育机构应对建筑空间与周边环境统一进行设计，使环境各元素与建筑之间配合默契，相得益彰，却又不失个性。整合性是个动态的概念，应考虑人在行进过程中功能层面的需求与变化，要注意连续性视觉意象的层次、节奏与变化。

（三）托育机构园舍整体规划的方法

1. 科学规划，合理布局

科学规划和合理布局是托育机构园舍整体规划中的关键步骤。在设计和装修过程中，需要根据婴幼儿的需求和活动特点，以及托育机构的宗旨和目标，进行综合考虑和分析。首先，科学规划涉及对整个园舍建筑总体布局的研究和分析。设计师需要了解和评估园舍所处地区的环境、气候条件和自然风貌等因素。这些因素将影响到园舍的朝向、采光情况、通风要求和绿化设计等方面。其次，在规划过程中，设计师需要详细了解托育机构的功能要求和运营模式。例如，是否有特殊的教学活动或项目需要考虑，是否需要提供特定的设备和材料，以及如何合理利用空间来满足婴幼儿的各种需求。最后，在整体布局中还应考虑到园舍内部各个功能区域之间的联系和流线。例如，餐厅、洗手间、休息区和教室之间的布局应该合理，并能够便利地满足婴幼儿的需求，同时确保安全和卫生。

2. 适宜婴幼儿年龄特征

0～3岁的婴幼儿一般喜欢亮丽和谐的颜色，这既符合他们的心理特点，也符合他们的心理需要。从色彩学上来讲，高透明度、高饱和度的颜色，暖色的搭配和创意，可以使婴幼儿产生欢快、兴奋及喜悦的心情。所以在装修设计中，一般采用豆黄、湖蓝及紫色。这三种颜色具有感情和自然气息，互相搭配可以形成活泼、欢快的良好育儿氛围。另外，通常选择乳白色、淡黄色和原木色家具增加活泼、雅致的效果。天然的木纹本色能营造出和谐自然的氛围，既体现环保与时尚，也更符合多数家长的审美意愿。

3. 空间宽敞，设计合理

走廊以及其他活动空间是根据相应的人员活动流量、人体工效学以及相应的国家建筑标准设计的,保证孩子有宽敞的活动场地是在托育机构规划初期需要重点考虑的问题。不同年龄、不同高度的孩子应使用不同高度的桌椅、玩具柜。高度合理、色彩鲜艳、外形有趣的桌椅能给予幼儿温馨、愉悦的感觉,一般以圆形、菱形圆角桌椅以及淡黄色、蓝绿色桌椅为最佳。室外共用场地应根据适当的资金投入建造跑道、沙坑和不超过 0.3 米深的戏水池等。托育机构的平面规划布置应在功能上分清区域,方便管理,利于疏散。

4. 无安全隐患,环保实用

在托育机构规划设计时,在考虑利用现有的主体布局的基础上,完善托育机构使用功能,掩盖处理原有主体结构的安全隐患之处。特别是上下楼梯,安全隐患比较多,在此处一般设置有一定图案的地毯或塑胶地板,楼梯扶手一般要经过认真的工艺处理或用软质材料加以保护,例如用小毛巾包扎。教室内地面一般采用实木地板,室外地面以塑胶地板为佳。托育机构的外观装修实用环保即可,要以最小的投入,做出最好的外部形象效果。对于接待区可重点装修,其他局部的装修不要过于奢华,实用即可。

二、托育机构建筑设计要求

托育机构建筑设计是指为满足托育机构的建造目的,包括人们对它的使用功能、视觉感受的要求而进行的设计,使物质材料在技术经济等方面可行条件下形成能够成为审美对象的产物。狭义上,托育机构建筑设计指的是托育机构室内外的建筑设计,广义上,包括形成托育机构建筑物的相关设计。

(一) 托育机构建筑的基本要求

1. 应满足婴幼儿的生理和心理需求

托育机构建筑应满足婴幼儿的生理需求,符合婴幼儿特点,从环境设计、建筑造型到窗台、台阶等构造细节都要考虑,要反映托育机构建筑的特点。托育机构建筑还应满足婴幼儿心理的需求,能充分满足“童心”,能激发婴幼儿对周围事物的好奇心和认识的兴趣,促进其个性和情感的良好发展。

2. 应适合婴幼儿的生活规律

婴幼儿的动态活动时间长,要保证足够面积的室内外游戏场地和环境良好的活动空间,必须把室外活动场地作为托育机构建筑设计的重要组成部分。注重婴幼儿生理的特点,做好婴幼儿生活活动单元的设计,使其掌握粗浅的知识和简单生活技能,创造舒适、良好的教学活动环境。

3. 应创造良好的卫生、防疫环境

托育机构建筑的设计应满足绿化、美化、净化、儿童化的要求。选址或进行总图设计时必须将托育机构设置在安全区域内,严禁设置在污染区和危险区内。在建筑设计中应满足日照、通风的要求以及班级之间的卫生距离。

4. 应满足保障婴幼儿安全的要求

婴幼儿身体各部分机能的发育尚未成熟,动作还不十分协调,防护意识差,同时好奇心强烈,很容易导致安全事故的发生,因此在托育机构建筑设计中,要特别注意婴幼儿的安全问题。

5. 应有利于保教人员的管理

托育机构建筑设计要密切配合婴幼儿教育的要求,方便办公,利于管理。随着时代和科技的发展,托育机构建筑设计应注意与时俱进,符合现代化教育管理模式的需要。

(二) 托育机构建筑的组合方式

托育机构建筑的组合方式一般有 5 种,即毗连式、集中式、枝状式、分散式、屋面式。

1. 毗连式

班级活动场地与班活动室相衔接,班活动场地成为活动室的室外延伸部分即毗连式。毗连式组合

有如下 3 个特点:班活动场地与活动室连接自然,使用方便,贯穿一体的布置方式有利于室内外空间环境的相互渗透;班活动场地一般在建筑南侧,有利于获得良好的日照条件及阻挡冬季寒风;班活动场地之间可利用绿篱、玩具等自然分隔;视线开阔,便于保教人员管理。毗连式组合如图 1-3-1 所示。

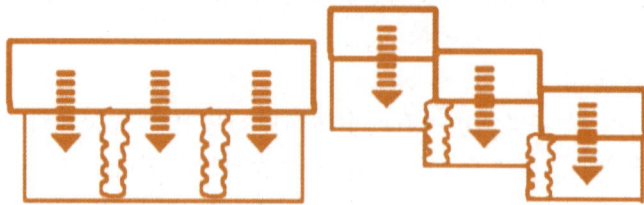

图 1-3-1　毗连式组合

2. 集中式

当建筑墙面较短时,托育机构不宜与建筑物相连布置活动场地,一般围绕建筑物集中置于建筑南部或端部即集中式。集中式组合有如下 3 个特点:班活动场地与活动室没有直接的联系,设计时应注意使活动场地与活动室有方便的交通联系;各班活动场地布置相对集中,应注意减少各班活动时相互影响,且避免交通路线的交叉干扰;各班活动场地设置应有一定的独立性,分隔力求自然,避免生硬分隔。集中式组合如图 1-3-2 所示。

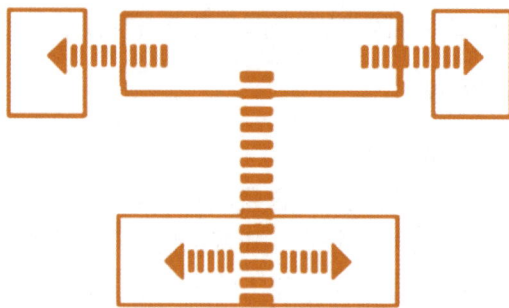

图 1-3-2　集中式组合

3. 枝状式

当班活动室呈肋形时,班活动场地也呈枝状自然布置于半封闭的建筑庭园中,即枝状式。枝状式组合有如下 3 个特点:班活动场地与活动室关系与毗连式相似,有着室内外贯穿一体、联系、使用方便的特点;各班活动场地独立性好,班级之间活动时互不干扰,场地形成内院,围合感较强,形成安静、安全的活动空间;班活动场地有利于冬季阻挡寒风,但冬季活动场地阴影较多,设计时应考虑建筑间距以满足日照、通风要求。枝状式组合如图 1-3-3 所示。

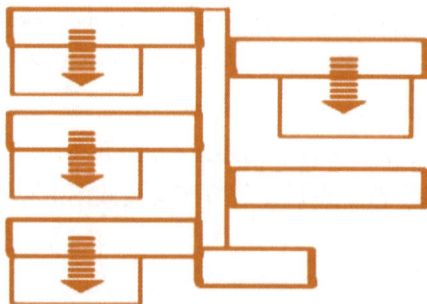

图 1-3-3　枝状式组合

4. 分散式

当托育机构建筑物本身分散时,班级活动场地自然也分散设置。分散式组合有如下 4 个特点:班级活动场地结合自然地段情况比较灵活,容易做到分区布置;班、组活动的独立性强,互相干扰少;易满足分区、朝向、通风等要求;占地面积大,场地间联系不方便。分散式组合如图 1-3-4 所示。

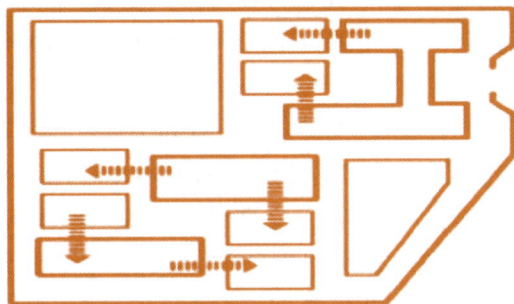

图 1-3-4　分散式组合

5. 屋面式

屋面式是利用屋顶作为班级活动场地,是在用地紧张的情况下,解决室外活动场地的一个很好的途径。可以利用底层屋顶平台与阳台作为活动室场地,也可以利用下面一层屋面(南向屋顶平台)作同楼层活动室场地,还可以利用退台开辟出下一层屋顶作同层活动场地,屋面式具有如下 3 个特点:充分利用空间,扩大了室外活动场地,缓解了用地紧张的矛盾;屋顶场地处理得好能使垂直交通量下降;可能减少各班之间不同活动的相互干扰。因活动场地处于屋顶,应加强安全措施,如设置安全牢固的护栏、宽绿化带,为防止儿童攀爬,发生危险,护栏不应设水平分格栏杆,竖向栏杆间隙应小于 30 厘米,以免儿童钻出而发生意外。与平地一样,屋顶活动场地也可设置绿化、沙池等,增加场地趣味性和活动内容。

(三) 托育机构建筑的布置要求

托育机构建筑的布置是托育机构总体环境设计的主要内容,应根据园区及周围环境的具体条件,如用地的大小、形状、地质、地貌、方位、主导风向、出入口位置、周围建筑、与环境的关系、道路交通及人流流线特点等因素综合地加以确定,并初步考虑其层数、平面形式和建筑体型是否具有可能性。在总平面中布置建筑物,应综合考虑托育机构本身的使用特点和功能要求。

1. 建筑物朝向

托育机构建筑朝向,首先应保证婴幼儿生活用房布置在园区最好的地段及当地最好的日照方位,以保证婴幼儿生活用房能够获得良好的日照条件,使其冬季能够沐浴温暖阳光,夏季避免灼热日晒。日照不仅能改善室内小气候,阳光的紫外线还可以消毒杀菌,促进婴幼儿的发育,预防和治疗某些疾病,建筑的适宜朝向对婴幼儿健康成长至关重要。

我国幅员辽阔,各地由于地理纬度不同,日照的角度也不相同,但总体来说,我国大部分地区正南及南偏东是较理想的方位。同时,还要满足建筑日照间距的要求,使建筑物与建筑物之间取得理想的日照,不受南向建筑的阴影所遮挡。

2. 建筑物防火间距

托育机构建筑防火间距具体规定应按《建筑设计防火规范》(GB 50016—2014)执行。

3. 建筑物防噪声间距

为保证幼儿身心健康成长,托育机构必须具有安静、卫生的环境,为满足《托儿所、幼儿园建筑设计规范》JGJ 39—2016 局部修订条文(2019 年版)规定的最低噪声级的要求,应采取相应的措施,合理地选址及布局,建筑物之间应充分绿化,进行行之有效的隔声处理,以降低噪声对婴幼儿的影响。

4. 建筑物通风间距

为使建筑物布置有利于通风,应合理地确定建筑物之间的通风间距。建筑物之间的通风距离与空气流动的规律及建筑物和风向投射角(风向投射线与建筑物墙面法线的夹角)有关。

5. 建筑物卫生防疫间距

为了避免周围环境对婴幼儿的不利影响,建筑不应建在空气污染源的下风向,如畜圈、消毒室、垃圾站等。如不可避免时,则需要离开一定距离,其间可种植树木或采取其他措施。

6. 建筑物层数

从幼儿年龄和生理特点考虑,为保障幼儿的安全并有利于开展各种教学活动,托育机构建筑合理的层数是两层或局部三层。参照《建筑设计防火规范》(GB 50016—2014)中对托育机构建筑层数的要求,耐火等级为一、二级的托育机构建筑不应设置在四层及四层以上;耐火等级为三级的托育机构建筑不应设置在三层及三层以上;耐火等级为四级的托育机构建筑不应超过一层。如果园区面积和经济条件允许,托育机构建筑宜为平房,其优点如下:无垂直交通,幼儿使用方便;能充分与室外活动场地结合,使室内外空间互相渗透,互相补充;利于幼儿的安全和疏散;易于保教人员照管;采光方式灵活,可采用高窗、高侧窗、屋面天窗等多种采光形式,利于改善通风条件;建筑体量小巧、灵活,符合幼儿的人体尺度要求。

7. 建筑物面积要求

托育机构生活用房应由乳儿班、托小班、托大班组成,各班应为独立使用的生活单元。宜设公共活动空间。托大班生活用房的使用面积及要求宜与幼儿园生活用房相同。乳儿班应包括睡眠区、活动区、配餐区、清洁区、储藏区等,根据住房和城乡建设部发布的行业标准《托儿所、幼儿园建筑设计规范》JGJ 39—2016 局部修订条文(2019 年版),各区最小使用面积应符合表 1-3-1 的规定。

表 1-3-1　乳儿班各区最小使用面积(m²)

各区名称	最小使用面积	各区名称	最小使用面积
睡眠区	30	清洁区	6
活动区	15	储藏区	4
配餐区	6		

托小班应包括睡眠区、活动区、配餐区、清洁区、卫生间、储藏区等,各区最小使用面积应符合表 1-3-2 的规定。

表 1-3-2　托小班各区最小使用面积(m²)

各区名称	最小使用面积	各区名称	最小使用面积
睡眠区	35	清洁区	6
活动区	35	卫生间	8
配餐区	6	储藏区	4

注:睡眠区与活动区合用时,其使用面积不应小于 50 m²。

乳儿班和托小班生活单元各功能分区之间宜采取分隔措施,并应互相通视。乳儿班和托小班宜设喂奶室,使用面积不宜小于 10 m²,并应符合下列规定:①应邻近婴幼儿生活空间;②应设置开向疏散走道的门;③应设尿布台、洗手池,宜设成人厕所。

8. 建筑物灯光要求

灯光照明可丰富环境的色彩与美感。暖色的光源投射在暖色调的墙壁上可增加其色彩度和空间感。利用强光或弱光来表现服务的特征与风格,增加机构吸引力;经色光演变所产生的柔和感,也可增加机构亲和力。总之,灯光照明不仅能使托幼机构的质量、档次、格调得到充分展现,还可以通过光色的联想、背景的烘托、灯具的陪衬以及投光角度等创造出一种引人入胜的空间感受。

9. 建筑物周围环境要求

一是周围绿化面积不能低于用地面积的 25%，托育机构内部的绿化面积也最好不低于用地面积的 25%。绿色环境能为婴幼儿营造一个更为自然的活动和视野空间，有助于其身心的发育，使其能够健康成长。

二是远离空气污染源。婴幼儿抵抗力较差，容易患呼吸道感染等疾病，园区周围不能存在有害气体，不能处于排放大量有害气体的工厂附近，要远离污染源。托育机构内部也要保持空气流通，婴幼儿所处的房间的空气应该保持新鲜，没有室内装修异味。

三是无噪声污染，远离市场、工地、大型娱乐场所、机场等。嘈杂的声音让婴幼儿的耳朵无休止地受到噪声的伤害，无论其他条件多么诱人，家长们都会毫不犹豫地选择放弃。应选择在酒店、商店、博物馆、儿童主题公园等集中的公共场所开办托育机构。但是，殡仪馆、垃圾场、污水处理站，以及生产、经营和贮藏有毒有害危险品、易燃易爆物品的场所等，不适宜和托育机构做"邻居"。

（四）托育机构的建筑安全标准

托育机构的整体建筑设计应具有防御各类重大意外灾害的能力和应对措施，各类新建房屋应严格按照抗震防震标准进行规划、设计、建造、施工和验收。例如，设置在二、三楼的托育机构，楼下应没有油烟较大的餐饮机构以及油烟污染、噪声比较大的汽车维修店，以及从三楼到二楼和底楼的左右两侧应均有消防安全通道等。机构整栋楼的每个楼层采光应较好，房间至少一面有窗，日光照射充足，具备通风换气条件，室外有阳台或露台的，应设置遮阳棚或遮雨伞。每层楼的楼层间隔需要在 3.5 米以上，整栋楼至少承载 80 千瓦电负荷量。

托育机构的整栋建筑最好独立设置，整栋建筑相对封闭，周围应设有围墙并使其不受外界影响。独立建筑的托育机构，要重视围墙的设计，通常高度不得低于 2 米，围墙上方应设有红外感应报警电子围栏，这样可以防止不法分子和盗贼进入托育机构。托育机构的建筑不宜与其他建筑合建。若不得不合建的，可与居住、养老、教育、办公等建筑合建，但应符合相关规定。如已有建筑经有关部门验收合格，应符合抗震、防火等安全方面的规定，即应有独立的疏散楼梯和安全出入口，出入口处应设置人员安全聚集和车辆停靠的空间，有独立的室外活动场地并采取桥栏隔离，建筑出入口及室外活动场地范围内有防止物体坠落的设施。合建的托育机构办园建筑规模应确保每个年级在三个班及以下，不能超标。

单元小结

婴幼儿托育服务所对应的行业是托儿所服务。举办营利性托育机构的，向县级以上市场监督管理部门申请注册登记。托育机构应当及时向机构所在地的县级卫生健康部门备案，登录托育机构备案信息系统，在线填写托育机构备案书、备案承诺书并提交相关资料。托育机构选址应符合《托育机构设置标准（试行）》和《托育机构管理规范（试行）》规定，托育机构的空间设计应考虑园舍的整体规划和建筑的安全标准与要求。

思考与练习

在线练习

一、单项选择题

1. 托育机构分为（　　）、非营利性和营利性三类。

　　A. 普惠性　　　　　　　B. 事业单位性质　　　　C. 公办　　　　　　　D. 幼儿园托幼一体

2. 对于符合要求的,卫生健康部门在收到托育机构备案材料后,应当在(　　)个工作日内提供备案回执和托育机构基本条件告知书。

　　A. 5　　　　　　　　　　B. 7　　　　　　　　　　C. 15　　　　　　　　D. 30

3. 对不符合备案要求的,卫健部门会将需完善信息告知申请人,申请人可根据审核意见进行整改完善后重新提交申请,直到符合备案要求,再发放(　　)和托育机构基本条件告知书。

　　A. 托育机构备案许可证　　　　　　　　　　B. 托幼机构卫生评价报告

　　C. 托育机构开办许可证　　　　　　　　　　D. 托育机构备案回执

4. 完备地制定管理所需的制度、规范,其中核心的制度或规范包括:①考核制度;②考勤制度;③奖惩制度;④安全管理制度;⑤卫生保健工作相关制度;⑥各项工作规范,如保育人员行为规范、一日活动各环节的规范等。

　　A. ①②③　　　　　　　B. ①②③④⑤⑥　　　C. ④⑤⑥　　　　　　D. ①②③④⑤

二、判断题

1. 托育机构实行一证一点管理。迁址易地举办,或设立分支、连锁机构的,应当重新办理备案手续。
　　　　　　　　　　　　　　　　　　　　　　　　　　　　　　　　　　　　　(　　)

2. 举办营利性婴幼儿托育机构的,依法向市级以上市场监督管理部门注册登记。申请登记时,应当在经营范围中明确托育服务内容。　　　　　　　　　　　　　　　　　　　　　(　　)

3. 为了避免周围环境对婴幼儿的不利影响,建筑不应建在空气污染源的上风向。　　(　　)

4. 托大班生活用房的使用面积及要求宜与幼儿园生活用房相同。　　　　　　　　(　　)

三、简答题

1. 乳儿班和托小班喂奶室的创建应符合哪些规定?

2. 托育机构对周围环境有哪些要求?

第二单元
托育机构的照护环境规划

单元导读

　　本单元详细描述了托育机构中照护环境的空间规划与调节,包括各种用房规划与设计要求、环境设计规范、设计流程、设施及软硬件材料等多个方面。学习者将习得根据托育机构的功能和需求进行照护环境规划的实际操作能力。能够从空间规划到环境调节,全面考虑儿童的需求和安全,并选择适当的设施和材料。同时,掌握相关的设计原则和流程,为托育机构的照护环境提供科学有效的规划和设计。

学习目标

知识目标

1. 了解托育机构照护环境空间规划的内容与要求。
2. 了解托育机构区域设计的原则。
3. 了解托育机构设施及软硬件材料的设置要求。

能力目标

1. 掌握托育机构照护环境的调节要求。
2. 掌握托育机构区域设计的流程与要求。
3. 掌握托育机构设施及软硬件材料的设置。

思政目标

1. 热爱婴幼儿,愿意在托育机构照护环境规划中充分考虑婴幼儿的发展需求。
2. 精益求精,创设托育机构设施及软硬件材料能充分考虑婴幼儿的年龄特点。
3. 强化教育公平和包容的价值观,确保托育机构能为婴幼儿提供公平、优质的照护服务。

内容结构

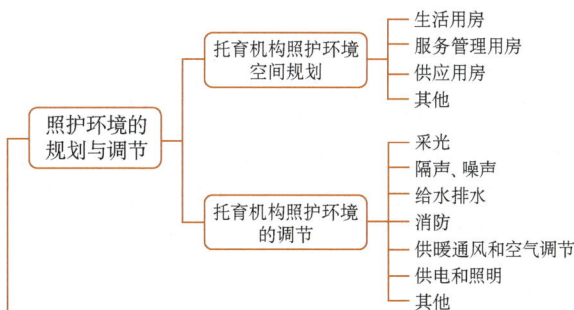

```
托育机构的照护
环境规划
                    托育机构的区域          安全性原则
                    设计原则              健康性原则
                                        效率性原则

                                        需求分析
                                        空间规划
                    托育机构设计的         初步设计
                    流程                设计调整
                                        设计方案的最终确定
                                        完成验收
区域设计与                                日常维护
软硬件设施
                                        班级内的家具充足、规格适宜
                                        机构的生活照料设施充足、适宜
                    托育机构的软硬件        机构的大肌肉活动器材/材料数量充足，功能多样
                    设施                机构的玩具材料和图书充足、适宜
                                        设施与材料、图书定期保养与维护、更新与添加
```

第一节　照护环境的规划与调节

案例导入

　　李娜与几名合伙人一起创办了一家托育机构，目前场地已经选好并签订了租赁协议，但在机构的规划上却产生了意见分歧，其他几名合伙人认为"机构场地面积有限，应该尽量多设置一些班级，多提供一些托位"。而李娜却认为托育机构的规划应该综合考虑，尤其是在活动空间和场地的规划上要充分满足婴幼儿的活动需求。经过几次讨论与交流，仍未达成一致意见。你赞同哪一方的观点？为什么？

　　托育机构是除了家庭外另一个影响婴幼儿发展的重要场所，良好的照护环境，特别是规划合理、科学布置的功能区设置对婴幼儿的全面发展有着积极的作用。照护环境是托育服务机构服务质量与理念的外在体现，是婴幼儿活动的重要资源，优质的照护环境无论是对从业人员还是婴幼儿而言，具有积极的影响。

一、托育机构照护环境空间规划

　　一个好的活动空间应当面积充足，能够满足婴幼儿对集体环境的个性化需求；同时有合理的空间规划，能够让身处其中的婴幼儿不断探索和接受挑战，享受运动和游戏的快乐，不断学习与发展。

　　托育机构中的生活用房主要包括婴幼儿的睡眠区、用餐区、盥洗区等；服务管理用房主要有教室、办公室、保健室、财务室、安保室，另外还含有其他活动区，如多功能活动室、大型感觉统合训练室、阅读区、艺术区、建构区、游戏区、角色扮演区、科学区，以及户外活动场地等多个功能区；后勤保障房，如厨房、开水间、配电房、消毒室和储藏室；其他场所，如楼梯、窗户、护栏、墙面、墙角、走廊、通道、吊顶等。在环境创设时，要考虑其安全性和环保性，不同的区域，安全和卫生要求标准不一样，托育机构应根据

相应的标准进行合理规划。

(一) 生活用房

托育机构生活用房应当布置在底层,不得设在地下室或者半地下室。当布置在底层确有困难时,可将托大班的生活用房布置在第二层并满足防火安全及疏散要求,设独立的安全出口和疏散楼梯。同层楼的婴幼儿人数不应超过60人,托育机构室内生活用房人均面积5平方米,具体应包括睡眠区、活动区、配餐区、清洁区、卫生间、储藏区等,其中乳儿班睡眠区面积应≥30平方米,活动区面积≥15平方米。托小班和托大班的睡眠区和活动区可合用,但针对不同月龄的婴幼儿,其教室面积要有所不同,如托小班面积≥50平方米,托大班面积≥70平方米。托育机构生活用房最好向南方,冬季底层满窗日照不应小于3小时,单侧采光的活动室进深不宜大于6.6米,设置的阳台或室外活动平台要不影响生活用房的日照。生活用房里配置的家具或其他生活用具,宜采用整体化设计,且保持风格、样式统一,色调协调,以增强整个机构内部空间的视觉美感。

1. 就餐区

婴幼儿就餐环境的优劣直接影响到他们的就餐质量。就餐环境包括物质环境和心理环境两方面。健康的物质环境要求就餐区光线充足、空气流通、温度适宜,餐桌与食具清洁美观,大小适宜,室内地面干爽且具有防滑功能。而且,由于婴幼儿年龄比较小,在托育机构需要为他们冲泡奶粉或米糊等食物,因此,托育机构可以创设食品加工区域,并提供热水器、纸杯、冰箱以及微波炉等。

2. 睡眠区

睡眠区应与活动区设在同一楼层。而且,婴幼儿的睡眠区域,不得搭建在阁楼或夹层,睡眠区应为每名婴幼儿选购一张易收纳、方便保教人员辅助午休的小床。不应为婴幼儿提供双层床,床位四周不宜贴靠外墙且应与外墙保持不小于0.6米的距离。睡眠区应选在朝南、有窗、有日照及通风好的房间,但是入睡后风不可以直接吹在婴幼儿的身上。婴幼儿的睡眠区域,应避免装修造成的环境污染,严禁使用不符合标准的油漆、板材等装修材料,以免造成甲醛、苯、氨以及放射性物质带来的污染。室温不宜过冷或过热,夏季室温26℃～28℃、冬季19℃～20℃为宜。须注意,将室内温度调得过于舒服是不可取的,不能过多使用空调,严禁用电热毯或火炉。婴幼儿入睡后应保持房间黑暗,采光好的睡眠区应配置遮光窗帘。

3. 卫生间

无论哪种类型和性质的托育机构,在条件具备的情况下,都应为每班设置独立且符合婴幼儿实际需求的卫生间,并与其他区域隔开,尤其是全日制托育机构。卫生间应符合我国住房和城乡建设部发布的《托儿所、幼儿园建筑设计规范》JGJ 39—2016局部修订条文(2019年版)规定,如婴幼儿使用的坐便器高度为0.25米以下,托小班的卫生间面积不宜低于8平方米。更多内容扫码查看《托儿所、幼儿园建筑设计规范》JGJ 39—2016局部修订条文(2019年版)中的相关内容。

案例链接

卫生间设计规范

(二) 服务管理用房

服务管理用房宜包括晨检室(厅)、保健观察室、教师值班室、警卫室、储藏室、园长室、所长室、财务室、教师办公室、会议室、教具制作室等房间。各房间的最小使用面积宜符合表2-1-1的规定。

表2-1-1　服务管理用房各房间的最小使用面积(m²)

房间名称	规模		
	小型	中型	大型
晨检室(厅)	10	10	15
保健观察室	12	12	15

房间名称	规模		
	小型	中型	大型
教师值班室	10	10	10
警卫室	10	10	10
储藏室	15	18	24
园长室、所长室	15	15	18
财务室	15	15	18
教师办公室	18	18	24
会议室	24	24	30
教具制作室	18	18	24

注：① 晨检室(厅)可设置在门厅内；
    ② 寄宿制幼儿园应设置教师值班室；
    ③ 房间可以合用，合用的房间面积可适当减少。

（三）供应用房

供应用房包括厨房、消毒室、洗衣间、开水间、车库等房间，厨房应自成一区，并与婴幼儿生活用房有一定距离。

托育机构若需自行加工膳食，应设置满足供餐需要的厨房，厨房使用面积宜 0.4 m^2 每人，且不应小于 12 m^2。非自行加工膳食的托育机构可不设厨房。托育机构的厨房设计需要遵循商用厨房的一般规范和标准，严格遵守《饮食建筑设计规范》(JGJ 64—2017)、《冷库设计规范》(GB 50072—2021)、《给水排水设计手册》等规定；厨房的设备设施需要遵守国家和地方卫生防疫和消防等相关要求，如符合城市规则与食品卫生监督机构的要求、燃气用具类标准、《餐饮业食品卫生管理办法》及所在地食品卫生管理标准，同时还需办理食品经营许可证。厨房内部设计应符合食品卫生规定，满足各种功能要求。

托育机构的厨房需设置配餐间、储存间、粗加工间、热加工间、主食间、凉菜间等。其中，配餐间应自成一室，与其他供应用房分开使用，并与婴幼儿生活用房保持一定的距离。厨房应距离污水池、垃圾场等污染源 25 米以上，并在粉尘、有毒有害气体、放射性物质和其他扩散性污染源的影响范围之外。厨房不得设在婴幼儿生活用房的下部，房屋为多层时宜设置食物运送电梯，其呼叫按钮距地面的高度应大于 1.7 米。

厨房应配备足够容量的冰箱、冷柜和消毒柜，自行加工膳食的托育机构还应配备电气式膳食烹饪设施，严禁使用明火和煤气设备。厨房应配备不同类型的清洗水池，如专用洗手水池、餐具专用清洗水池、水果专用清洗水池、消毒专用水池以及食品粗加工专用水池。所有清洗水池应具有足够容量，用不锈钢等易清洁材质制作(洗手水池可以是陶瓷材质)，内部角落部位应避免有尖角或直角的设施。配餐间应为专用操作间，专门用于存放盛放原料、半成品、成品的容器以及切菜刀等工具，这些器皿或工具应有明显的区分标记，且在存放区域分开放置。厨房员工应熟悉操作和处理运输食品的流程，生的食物和熟的食物不能放在一起，食品存放时应做到冷热不交叉，干净和脏乱的蔬菜不混放；各种人员、物料出入口有明确的区分。厨房内各区域要及时清洁并保持干净，厨房地面应经常冲洗，地面要具有吸水和防滑功能。清洁操作区内不得设置明沟，地漏应能防止废弃物回流及污浊空气逸出等。

（四）其他

1. 托育机构建筑窗的设计

应符合下列规定：当窗台面距楼地面高度低于 0.90 米时，应采取防护措施，防护高度应从可踏部位顶面起算，不应低于 0.90 米。严寒地区托育机构建筑的外门应设门斗。

2. 托育机构门的设计

应符合下列规定：当使用玻璃材料时，应采用安全玻璃；门下不应设门槛；平开门距离楼地面1.2 米以下部分应设防止夹手设施；生活用房开向疏散走道的门均应向人员疏散方向开启，开启的门扇不应妨碍走道疏散通行。

3. 托育机构防护栏杆的设计

托育机构的外廊、室内回廊、内天井、阳台、上人屋面、平台、看台及室外楼梯等临空处应设置防护栏杆，栏杆应以坚固、耐久的材料制作。防护栏杆的高度应从可踏部位顶面起算，且净高不应小于1.30 米。防护栏杆必须采用防止幼儿攀登和穿过的构造，当采用垂直杆件做栏杆时，其杆件净距离不应大于 0.09 米。

4. 托育机构楼梯、扶手和踏步的设计

应符合下列规定：楼梯踏步面应采用防滑材料，踏步踢面不应镂空，踏步面应做明显警示标识；幼儿使用的楼梯，当楼梯井净宽度大于 0.11 米时，必须采取防止婴幼儿攀滑的措施。楼梯栏杆应采取不易攀爬的构造，当采用垂直杆件做栏杆时，其杆件净距离不应大于 0.09 米。

二、托育机构照护环境的调节

（一）采光

托育机构中的婴幼儿每天大部分时间会在室内度过，班级内的自然采光是确保婴幼儿安全、健康、快乐生活的前提。太阳光中的紫外线能够杀菌，除去室内的潮气，保持室内干爽。

托育机构的生活用房、服务管理用房和供应用房中的厨房等均应有直接天然采光，其采光系数标准值和窗地面积比应符合表 2-1-2 的规定。

表 2-1-2　采光系数标准值和窗地面积比

采光等级	场所名称	采光系数标准值（%）	窗地面积比
Ⅲ	活动室、寝室	3.0	1/5
	多功能活动室	3.0	1/5
	办公室、保健观察室	3.0	1/5
	睡眠区、活动区	3.0	1/5
Ⅴ	卫生间	1.0	1/10
	楼梯间、走廊	1.0	1/10

（二）隔声、噪声

托育机构的建筑及其内部房间选用的墙壁、围墙结构和楼板等位置的建筑材料需要满足隔音标准。托育机构室内允许噪声级应符合表 2-1-3 的规定。

表 2-1-3　室内允许噪声级

房间名称	允许噪声级(A 声级,dB)
生活单元、保健观察室	≤45
多功能活动室、办公室	≤50

注:dB 是分贝的英文缩写。

托育机构主要房间的空气声隔声性能应符合表 2-1-4 的规定。

表 2-1-4　空气声隔声标准

房间名称	空气声隔声标准 (计权隔声量)(dB)	楼板撞击声隔声 单值评价量(dB)
生活单元、办公室、保健观察室与相邻房间之间	≥50	≤65
多功能活动室与相邻房间之间	≥45	≤75

注:dB 是分贝的英文缩写。

(三)给水排水

托育机构建筑给水系统的引入管上应设置水表。水表宜设置在室内便于抄表位置;在夏热冬冷地区及严寒地区,当水表设置于室外时,应采取可靠的防冻胀破坏措施。供水总进口管道上可设置紫外线消毒设备。托育机构建筑给水系统的压力应满足给水用水点配水器具的最低工作压力要求。当压力不能满足要求时,应设置系统增压给水设备,并应符合下列规定:

一是加压水泵应选用低噪声节能型产品,加压泵组及泵房应采取减振防噪措施;

二是消防水池、各种供水机房、各种换热机房及变配电房间等不得与婴幼儿生活单元贴邻设置。

托育机构建筑宜设置集中热水供应系统,也可采用分散制备热水或预留安装热水供应设施的条件。当设置集中热水供应系统时,应采用混合水箱单管供应定温热水系统。当采用太阳能、空气源热泵等制备热水时,热水温度低于 60℃ 的系统应设置辅助加热设施。

此外,托育机构不应设置中水系统,不应设置管道直饮水系统。

(四)消防

托育机构的消防栓系统、自动喷水及气体灭火等设施应符合国家现行消防标准。安装消防灭火设施时应避免婴幼儿碰撞或触摸,须将消火栓箱隐藏在婴幼儿不易看到或触摸到的地方;若单独配置灭火器箱,应放在婴幼儿无法接触到的地方,不要放在通道上。

(五)供暖通风和空气调节

从供暖质量、环保、安全、卫生等方面考虑,托育机构宜采用以热水为热媒的集中供暖系统。具备利用可再生能源技术条件且经济合理时,应优先利用可再生能源为供暖热源。托育机构建筑设施符合我国《民用建筑供暖通风与空气调节设计规范》(GB 50736—2012)的规定时,也可采用电供暖方式。托育机构采用低温地面辐射供暖方式时,地面表面温度不应超过 28℃。热水地面辐射供暖系统供水温度宜采用 35℃~45℃,不应大于 60℃;供回水温差不宜大于 10℃,且不宜小于 5℃。

供暖系统应设置热计量装置,并应在末端供暖设施设置恒温控制阀进行室温调控。托育机构房间的供暖设计温度见表 2-1-5。

表 2-1-5　托育机构房间的供暖设计温度

房间名称	室内设计温度（℃）
活动室、寝室、保健观察室、晨检室(厅)、办公室	20
睡眠区、活动区、喂奶室	24
盥洗室、厕所	22
门厅、走廊、楼梯间、厨房	16
洗衣房	18
淋浴室、更衣室	25

需要供暖的托育机构,其通风要求也需要根据《民用建筑供暖通风与空气调节设计规范》(GB 50736—2016)中的相关规定,应适当增大最小通风量取值。托育机构的公共沐浴室、无外窗卫生间等通风是否良好,对室内空气质量产生很大影响。因此,这些地方可考虑设置带防止回流措施的机械排风装置。房间的换气次数和机构人员所需最小新风量可见表 2-1-6、表 2-1-7。

表 2-1-6　房间的换气次数

房间名称	换气次数(次/h)
活动室、寝室、睡眠区、活动区、喂奶室	3～5
卫生间	10
多功能活动室	3～5

表 2-1-7　人员所需最小新风量

房间名称	新风量(m³/h·人)
活动室、寝室、活动区、睡眠区	30
保健观察室	38
多功能活动室	30

夏热冬暖地区、夏热冬冷地区的托育机构建筑,当夏季依靠开窗不能实现基本热舒适要求,且婴幼儿活动室、寝室等房间不设置空调设施时,每间婴幼儿活动室、寝室等房间宜安装具有防护网且可变风向的吸顶式电风扇。

最热月平均室外气温大于和等于 25℃ 地区的托育机构建筑,宜设置空调设备或预留安装空调设备的条件,并应符合空调房间室内设计参数,即符合表 2-1-8 的规定。

表 2-1-8　空调房间室内设计参数

参数		冬季	夏季
温度(℃)	活动室、寝室、保健观察室、晨检室(厅)、办公室	20	25
	睡眠区、活动区、喂奶室	24	25
风速(v)(m/s)		$0.10 \leqslant v \leqslant 0.20$	$0.15 \leqslant v \leqslant 0.30$
相对湿度(%)		30～60	40～60

（六）供电和照明

托育机构的活动室、寝室、图书室、美工室等婴幼儿用房宜采用细管径直管形三基色荧光灯,配用电子镇流器,也可采用防频闪性能好的其他节能光源,不宜采用裸管荧光灯灯具;保健观察室、办公室等可采用细管径直管形三基色荧光灯,配用电子镇流器或节能型电感镇流器,或采用 LED 等其他节能光源。睡眠区、活动区、喂奶室应采用漫光型灯具,光源应采用防频闪性能好的节能光源。托育机构的房间照明标准值应符合表 2-1-9 的规定。

表 2-1-9 房间照明标准值

房间或场所	参考平面及其高度	照度标准值(lx)	UGR	Ra
活动室	地面	300	19	
多功能活动室	地面	300	19	
寝室、睡眠区、活动区	0.5 m 水平面	100	19	
办公室、会议室	0.75 m 水平面	300	19	80
厨房	台面	200	—	
门厅、走道	地面	150	—	
喂奶室	0.5 m 水平面	150	19	

(七) 其他

托育机构的房间内应设置插座,且位置和数量根据需要确定。活动室插座不应少于四组,寝室插座不应少于二组。插座应采用安全型,安装高度不应低于 1.8 米。插座回路与照明回路应分开设置,插座回路应设置剩余电流动作保护,其额定动作电流不应大于 30 毫安。

托育机构安全技术防范系统的设置应符合下列规定:

一是园区大门、建筑物出入口、楼梯间、走廊、厨房等应设置视频安防监控系统。

二是周界宜设置入侵报警系统、电子巡查系统。

三是财务室应设置入侵报警系统,也应在建筑物出入口、楼梯间、厨房、配电间等处设置。

四是园区大门、厨房宜设置出入口控制系统。

五是大、中型托育机构建筑应设置电话系统、计算机网络系统、广播系统,并宜设置有线电视系统、教学多媒体设施。小型托育机构建筑应设置电话系统、计算机网络系统,宜设置广播系统、有线电视系统。

第二节 区域设计与软硬件设施

案例导入

在教学见习环节,张老师组织班级同学参观了数十家托育机构,让同学们感受不同托育机构的特点。在总结会上,有的同学发言说"托育机构的软硬件设施感觉与幼儿园差不多,似乎就是将幼儿园的软硬件设施搬到托育机构里而已",认为托育机构的设施应该与幼儿园是不同的,但当张老师追问"你认为托育机构的软硬件设施应该具有什么特点?又与幼儿园有什么区别?"时,这名同学却回答不上来了。

一、托育机构的区域设计原则

托育机构的区域设计应该考虑到婴幼儿的安全、健康和快乐成长。具体来说,需要遵循以下 3 个原则。

(一) 安全性原则

安全性原则是在托育机构区域设计中非常重要的原则之一。为了保障婴幼儿的生命安全和健康成长,所有场所和设施都必须满足其安全需求,并且能够有效地预防意外事故的发生。具体来说,需要注意以下 4 个方面。

1. 设计合理的场所布局

场所布局应该考虑到孩子们的活动范围和行动习惯,场所布局要合理规划,确保可以避免人员拥挤、流线清晰通畅。同时,在场所布局上应该考虑到消防通道、紧急出口等因素,以确保可以及时疏散和逃生。

2. 合理选择设施和器材

在选择设施和器材时,应该考虑到婴幼儿的年龄段和身高特点,选择符合国家标准的产品,确保其质量可靠、安全可控。例如,游戏区域的设施要考虑到婴幼儿的年龄、体型和行动能力;餐厅区域的设施要考虑到食品安全和儿童餐具的质量等问题。

3. 设计安全防护措施

在设计中应该考虑到安全防护措施,如安装扶手、护栏、拐角柔软包围等,以避免婴幼儿因为意外伤害而受伤。

4. 建立安全管理制度

在托育机构中,建立健全的安全管理制度是非常重要的。通过制定规章制度、安全手册和应急预案等文件来规范托育机构的日常管理和紧急处理流程。同时,要加强员工培训和教育,提高其安全意识和应急处置能力。

总之,在托育机构区域设计中,安全性原则是不可忽视的一个方面。只有充分考虑到婴幼儿的安全需求,并采取合理有效的措施,才能保障其生命安全和健康成长。因此,托育机构在进行设计时,需要遵循相关法规和标准,加强安全管理,确保每个婴幼儿都能够在安全可靠的环境下快乐成长。

(二) 健康性原则

为了保证婴幼儿的身体健康,必须考虑到各种环境因素,如通风、采光、卫生等,以便创造一个清洁、舒适、有利于健康的学习和活动环境。

1. 空气质量

保证室内空气流通和新鲜,应该增加室内的通风系统,并提供足够的窗户和门来促进自然通风。此外,使用无毒环保材料、减少有害气体和化学物质的使用,定期进行灰尘清理和消毒工作都可以有效地改善室内空气质量。

2. 光照度

优良的自然光源可以提高室内舒适度和环境质量,开放式布局、大型落地窗、明亮的照明措施等都能增加室内光照度。同时,对于过强或过弱的光线,可以采取选择合适的遮阳设施、透光率不同的窗帘、调节灯光等方式来保持适宜的室内光照度。

3. 噪声控制

对于儿童的听觉发展,需要在设计中考虑降低噪声水平。可以选用隔音材料、采取隔音措施,如布置吸音垫、开设分隔间等方式来减少室内噪声。

4. 环保性

为了创造一个健康的学习和活动环境,我们也需要关注室内和室外的自然环境。应该尽量利用自然资源,如太阳能、雨水收集等方式来节省能源,并且在室内布置绿植,增加空气中的氧气含量,提高室内活动环境的质量。

(三) 效率性原则

效率性原则,即在有限的空间内最大限度地发挥出功能。需要根据具体需求进行空间规划和布局,如活动区、休息区、卫生间等,以确保托育机构能够有效地完成其教育和服务任务。具体的措施和建议包括以下5点。

1. 空间规划

在进行托育机构区域设计时,首先需要根据实际需求和儿童的特点,进行细致的空间规划。比如,将室内空间分割为不同的活动区、休息区、卫生间等等,以满足不同年龄段和兴趣爱好婴幼儿的需求。

2. 布局合理

在布局上也需要考虑到空间的利用效率,尽可能减少空间浪费。比如,在选择家具和设备时,可以选用多功能、可收纳折叠的家具,从而节省空间。此外,还要注意家具和设备的摆放位置,使其更加符合使用需求和方便婴幼儿操作与使用。

3. 设计灵活

在设计时考虑到未来的变化和发展,增加区域设计的可扩展性。例如,可以留出一些灵活的空间,以适应未来的增加人数和新的教育需求。同时,还要考虑到未来的更新和改造,使之更符合时代发展和婴幼儿成长的需求。

4. 协调统一

在整个区域设计中,需要保持协调和统一的风格和色彩搭配,创造出一个具有整体感和美感的空间。这种协调性可以从颜色、材质、家具布置等方面体现出来。营造一个舒适、温馨、有序的环境,能够让婴幼儿更加愉快地学习和玩耍。

5. 定期维护

为了保持托育机构区域设计的效率性,也需要定期进行维护和清洁工作。比如,每天定期清理和消毒,保证室内的卫生;定期检查家具设备的运转状态,及时更换或维修损坏的器具,确保婴幼儿的安全使用。

二、托育机构设计的流程

(一) 需求分析

需求分析是托育机构设计流程中的第一步,也是非常重要的一个环节。在进行托育机构设计之前,我们需要对机构的需求进行详细的分析,这包括以下5个方面。

1. 婴幼儿人数

需要了解托育机构的婴幼儿人数,从而确定需要规划的空间大小和活动区域的数量。此外,还需要考虑到婴幼儿的年龄段和性别比例等因素,以确保设计方案符合实际需求。

2. 空间限制

托育机构通常有一定的空间限制,因此需要对可用的空间进行评估并制订相应的设计方案。空间评估应考虑到室内和室外空间,并确定如何在有限的空间内充分利用各种功能场所,例如休息区、卫生间、玩耍区和学习场所等。

3. 预算

预算是另一个重要的考虑因素,需要明确托育机构的预算范围和限制。这将有助于为设计方案设定实际可行的目标和指向。

4. 法律要求

当设计托育机构时,必须遵守当地相关的法律和条规,例如安全、卫生、消防等方面。因此,在进行需求分析时,需要考虑到这些法律要求,并确保设计方案符合相应的标准和规定。

5. 家长期望

托育机构不仅是婴幼儿的学习和生活场所,也是让家长们放心的地方。因此,在进行需求分析时,我们还需要了解家长的期望和需求,例如是否需要提供每日进出记录、教师配备等。

(二) 空间规划

空间规划是托育机构设计流程中的关键步骤之一,基于需求分析结果,对机构的可用空间进行详细的规划。

首先,需要确定托育机构中各个活动区、休息区、卫生间等的具体位置和大小。例如,需要规划出婴幼儿玩耍、阅读和学习区域,以及午休和食堂区域等。在这个过程中,需要考虑到活动区域的尺寸和形状,以确保婴幼儿能够充分发挥他们的想象力和创造力。

其次,需要考虑到家具设备的摆放位置和布局。必须考虑到婴幼儿的身高、体型和行为特征,避免安全隐患。比如,床铺的高度和宽度应该适合婴幼儿的年龄和身高,同时也要考虑到他们的活动范围和空间限制。

在进行空间规划时,还需要考虑到功能性和易操作性。例如,需要将卫生间放置在儿童容易到达的地方,并确保水龙头和马桶等设施的高度适合婴幼儿使用。

最后,需要考虑到婴幼儿的安全和舒适性。例如,需要规划出安全区域和逃生通道,并确保活动区、休息区和卫生间的通风和采光等。此外,还需要考虑到婴幼儿的舒适性,例如在规划床铺时,要考虑到被褥、枕头和床垫的柔软度和舒适性。

(三) 初步设计

在完成空间规划后,进行初步设计。此时需要从环境因素、功能、美观等方面来考虑,如何创造出一个适合婴幼儿成长、健康、安全的环境。需要考虑到色彩、材质、灯光等元素的搭配,以及如何充分利用空间,提高能源使用效率。

(四) 设计调整

根据初步设计的结果,进行必要的调整和修改。这可能包括重新规划空间、更改家具设备的摆放位置、调整颜色和灯光效果等。在此过程中,需要与相关人员进行沟通和协商,以确保最终的设计方案能够满足需求。

(五) 设计方案的最终确定

在完成调整后,需要对设计方案进行最终的确认和审批。这个过程需要经过管理层、教师和家长的共同讨论和决策。

在讨论时,需要考虑到多方面因素,如实际情况、可行性、预算等。在实际情况方面,需要考虑到婴幼儿的年龄段、性别比例、人数等因素,以确保设计方案符合实际需求。在可行性方面,需要考虑到工程、卫生、安全等方面的可行性,以确保方案能够顺利实施。在预算方面,则需要考虑到设计方案与机构预算之间的匹配程度,以确保方案设计得到充分的实现。

同时,在讨论过程中,还需要注意到不同方面的代表的意见差异,要尊重和理解每一个人的想法,通过积极沟通和交流,寻找出最佳的解决方案。

最后,需要达成共识并作出最终决定,将设计方案落实到实际操作中,并为机构的未来发展打下坚实的基础。在设计方案最终确定后,需要开始实施,包括购买家具设备、准备装修材料、安排工人施工等。在施工过程中,需要注意安全、环保、质量等问题。

(六) 完成验收

在所有设计方案和装修工作完成后,需要对整个区域进行检查和评估,以确保设计方案实现预期效果。

在验收过程中,需要注意到环境因素、功能、美观等方面的问题。例如,需要检查婴幼儿活动区是否舒适、安全,卫生间是否满足卫生标准等。同时,还需要检查家具设施和装饰材料是否符合规范、是否容易清洁等。如果发现了问题,需要及时进行整改,直到达到预期效果为止。这包括重新布置家具、更换不合适的材料、重新调整灯光和通风系统等。在整改过程中,需要考虑到实际情况和可行性,确保整改方案能够顺利实施。

最终,经过验收和整改后,托育机构的设计与装修工作就完成了。这将为婴幼儿提供一个温馨、安全、健康和启迪性的成长环境,并为机构的未来发展奠定坚实的基础。

(七) 日常维护

在托育机构区域设计完成并投入使用后,需要加强日常维护和管理。定期清洁、消毒、更换器具等,以保证婴幼儿健康、安全、舒适的学习和生活环境。同时还需要进行定期检查和维修,避免出现安全隐患。

三、托育机构的软硬件设施

(一) 班级内的家具充足、规格适宜

托育机构班级里的家具包括小桌子、小椅子、储物柜、置物架、床等。首先在数量配置上,要根据班级的规模来确定,既避免空间浪费,又节约成本。其次,在功能上要符合婴幼儿的生长发育特点,对家具的外观形态、材质肌理、色彩装饰、空间形态等进行综合考量。最后,托育机构的家具还应该便于婴幼儿进行探索,在一定程度上有助于婴幼儿的成长。具体要求包括:

① 班级内婴幼儿家具数量充足,且在高度、宽度、舒适度等方面适合他们(图 2-2-1);

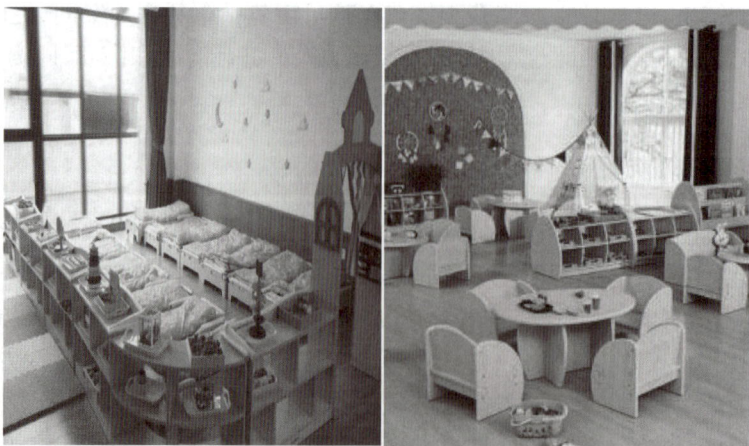

图 2-2-1 托育机构中的家具

② 确保婴幼儿一人一床,不使用双层或多层床,睡眠时床的间隔适中,床的摆放和折叠便捷;

③ 班级内有适合婴幼儿使用的软包家具及软垫、柔软材料等(图2-2-2)。

图 2-2-2　软包家具及柔软材料

知识拓展

如何选择婴幼儿家具?

在选择婴幼儿家具时,安全是第一考虑要素:既要确保家具本身的安全问题,还要考虑家具在使用过程中的安全。家具边角需要进行抛光、打磨,确保表面平滑,无尖锐棱角,无毛刺,外露部件可以采用圆形、弧形设计。实木家具拉手以手扣设计为主,手扣也要进行抛光、打磨,避免安全隐患。在婴幼儿活动区域尽量避免使用五金件。另外,需要对家具色彩和趣味性进行考量,选择颜色温和、造型有趣的婴幼儿家具。在数量上要能够满足班级中婴幼儿的使用需求,尤其是确保在满班额情况下婴幼儿使用有保障。

案例来源:《托育机构质量管理与自我评估指导手册》,刘昊主编,教育科学出版社,2022.

(二) 机构的生活照料设施充足、适宜

婴幼儿生活自理能力弱,托育机构提供的饮水、盥洗、坐便器、小便斗等生活照料设施要满足婴幼儿的使用需求,确保婴幼儿能够安全使用,并在保育人员的指导下逐步学会自我服务。具体要求包括:

① 饮水、盥洗、坐便器、小便斗等生活照料设施设置地点便于婴幼儿使用(图2-2-3)。

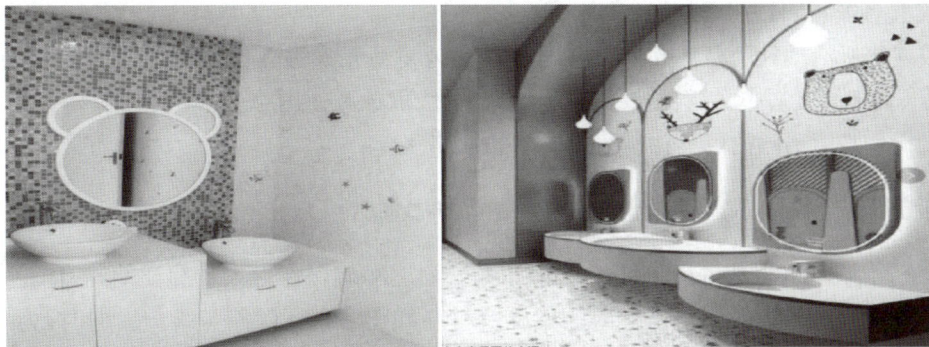

图 2-2-3　婴幼儿生活照料设施(1)

② 生活照料设施数量充足且适合婴幼儿使用。

③ 生活照料设施满足婴幼儿特殊需求。例如同一班级内设置不同高度的坐便器、小椅子,满足不同身高和需求的婴幼儿使用;尿布台前设置镜子,缓解婴幼儿换尿布时的消极情绪,引导婴幼儿通过观察自己,发展自我认知;提供方便较小年龄婴幼儿自主洗手或自主爬上坐便器的脚凳、防滑垫、洗澡池/盆;提供方便特殊需要婴幼儿使用的设施等(图 2-2-4)。

图 2-2-4　婴幼儿生活照料设施(2)

(三) 机构的大肌肉活动器材/材料数量充足,功能多样

大肌肉活动器材/材料是托育机构确保婴幼儿充足活动量必不可少的物质条件。这些器材/材料是婴幼儿可以直接操作的,可以引发婴幼儿进行多种活动,能促进婴幼儿爬、走、滚、平衡、投、接、跳等运动能力,对婴幼儿认知、社会性等也都有促进作用。具体要求包括:

① 有固定和可移动的大肌肉活动器材/材料且适合婴幼儿使用;

② 能够促进婴幼儿多项运动能力,如爬、走、滚、平衡、攀爬、投、接、跳等;

③ 能够根据婴幼儿需要,灵活分配和使用大肌肉活动器材/材料,给予婴幼儿自主活动的机会。

(四) 机构的玩具材料和图书充足、适宜

玩具和图书是婴幼儿的"教科书",是婴幼儿的良师益友和亲密伴侣。在玩玩具和阅读图书的过程中,婴幼儿不仅能够体验快乐,而且还能获得不同的知识经验,发展想象力。选择并提供合适的玩具和图书是发挥玩具和图书潜在功能与价值的基本前提。在选择玩具时,既要遵循一些共同原则,如安全性、可操作性、教育性等,也需满足不同年龄段婴幼儿的不同发展需求,图书亦如此。托育机构在提供玩具材料和图书时要遵循充足、适宜的原则。具体要求包括:

① 班级内提供艺术材料、建构材料、扮演类材料、感知觉材料、自然科学/数学材料、婴幼儿图书等各 4 种以上,且各类材料适合婴幼儿使用。

② 投放在班级活动区的材料数量能够满足活动区婴幼儿人手一份使用,并且使用开放性柜子摆放;材料架子、书架高度适中,材料摆放便于婴幼儿选择、取放和使用。

③ 提供操作难度不同的玩具材料和图书,突出层次性。

(五) 设施与材料、图书定期保养与维护、更新与添加

为了保证设施设备、玩具材料和图书等正常运行及使用,确保保育人员和婴幼儿有一个安全、高效的活动环境,托育机构需要及时对机构内的设施及材料和图书进行保养与维护。同时,为了满足婴幼儿多方面的需求,应在确保安全的前提下,定期添加和更新一定数量的设施设备,落实责任制,为婴幼儿全面发展做保障。设施与材料和图书的保养与维护、更新与添加是托育机构日常管理中的一项常规

性工作。具体要求包括：

① 设施、材料和图书维护良好；

② 定期更新和维护各项设施、材料和图书；

③ 能够根据婴幼儿最近开展的主要活动，按需更新和添加设施、材料和图书；

④ 允许婴幼儿自带玩具或依恋物入托，个性化添加材料和图书。

📎 案例链接

托班玩教具定期维修保养制度

一、定期安全巡查

（一）行政负责定期检查维修大型玩具、教具，加强大型玩具、教具的管理，保证婴幼儿活动中的安全；保育人员在带领婴幼儿进行活动前需细致检查所有的器材及玩具，确认没有安全隐患。

（二）托育主管每周至少对婴幼儿使用的器材及玩具、教具进行一次安全巡检，如发现器材及玩具、教具有安全隐患时，立即通知停止使用，并且上报校区进行维修，保证器材及玩具、教具安全可靠后方可通知使用。

（三）保育人员每天对婴幼儿使用的器材及玩具进行一次安全检查。

（四）塑胶玩具：用干净的毛刷蘸取婴儿专用的奶瓶清洁液刷洗塑胶玩具，然后用大量的清水冲洗干净，放在网兜内或放入干净透气的塑料篮筐内，在向阳通风处晾干。

二、玩具清洁四原则

（一）玩具在购买后应先清洁。

（二）玩具清洁消毒的频率通常以每天一次为宜，也可以根据玩具的使用频率和材质灵活掌握。注意不要用清洁家居的抹布来擦拭玩教具。

（三）选择适合的清洁消毒用品。应选用婴幼儿专用的清洁剂、消清剂，以免对婴幼儿的呼吸道产生刺激。

（四）玩具洗涤后要用大量清水冲洗（电动玩具除外）。用流动的清水冲洗非常重要，可以尽量减少洗涤剂的残留。玩具清洗后要在通风和阳光直射处晾晒，彻底风干。

案例来源：《托育机构质量管理与自我评估指导手册》，刘昊主编，教育科学出版社，2022.

📊 单元小结

托育机构是除了家庭外另一个影响婴幼儿发展的重要场所，良好的照护环境，特别是规划合理、科学布置的功能区设置对婴幼儿的全面发展有着积极的价值。在环境创设时，要考虑其安全性和环保性，不同的区域，安全和卫生要求标准不一样，应根据相应的标准进行合理规划。区域设计与软硬件材料应该考虑到婴幼儿的安全、健康和快乐成长。

📊 思考与练习

在线练习

一、单项选择题

1. 托育机构的活动室、寝室、图书室、美工室等婴幼儿用房不宜采用（　　）。

    A. 三基色荧光灯   B. 裸管荧光灯

    C. 漫光型灯具   D. LED 灯

2. 活动室、寝室、活动区、睡眠区人员所需最小新风量为(   )。

    A. 10 m³/h·人   B. 20 m³/h·人   C. 30 m³/h·人   D. 38 m³/h·人

3. 生活单元、保健观察室室内允许噪声级为(   )。

    A. ≤60 分贝   B. ≤55 分贝   C. ≤50 分贝   D. ≤45 分贝

4. 针对不同月龄的婴幼儿,其教室面积要有所不同,托小班面积(   )平方米。

    A. ≥40   B. ≥50   C. ≥60   D. ≥70

二、判断题

1. 设置婴幼儿家具时,安全是第一考虑要素。   (   )

2. 适宜的家具便于婴幼儿进行探索,在一定程度上有助于婴幼儿的成长。   (   )

3. 不应为婴幼儿提供双层床,床位四周不宜贴靠外墙且应与外墙保持不小于 0.7 米的距离。 (   )

4. 托小班的卫生间面积不宜低于 12 平方米。   (   )

三、简答题

1. 托育机构照护环境的创设应遵循哪些原则?

2. 托育机构的生活照料设施的建设要点有哪些?

第三单元
托育机构设置标准的国际比较和借鉴

单元导读

　　本单元主要介绍国际上独立式、社区式、托幼一体式、家庭式四种类型托育机构在环境建设、举办者资质、师生比、政策保障等机构设置标准上的做法,旨在帮助学习者更好地了解国际上托育机构的发展情况,为我国不同类型托育机构设置标准建设提供经验借鉴与参考。

学习目标

知识目标

1. 了解独立式、社区式、托幼一体式、家庭式四类托育机构设置标准的国际经验。

2. 了解我国独立式、社区式、托幼一体式、家庭式四种类型托育机构的发展现状。

3. 了解国际托育服务发展的整体趋势。

能力目标

1. 学习并掌握托育服务事业发展国际比较的方法。

2. 能够从国际经验中找到我国托育机构发展中的不足。

思政目标

1. 具有国际视野,熟悉国际托育服务发展的动态。

2. 能根据我国国情灵活地参照托育机构设置标准的国际经验。

3. 树立从事托育服务事业的时代责任感。

内容结构

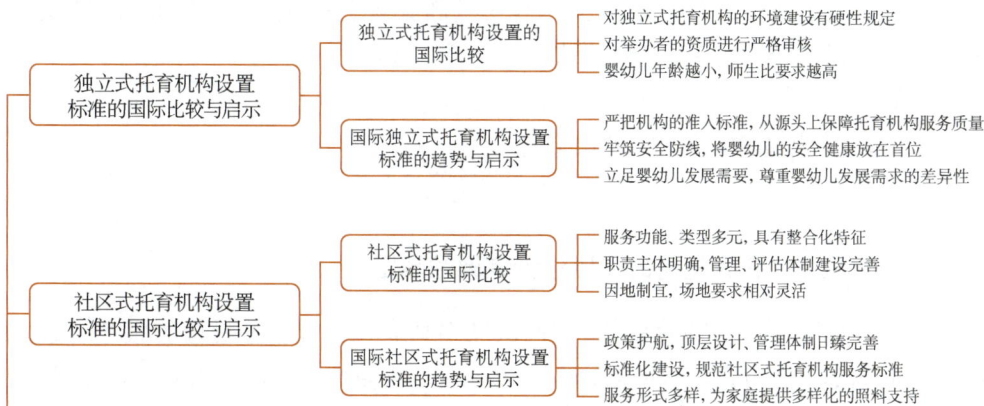

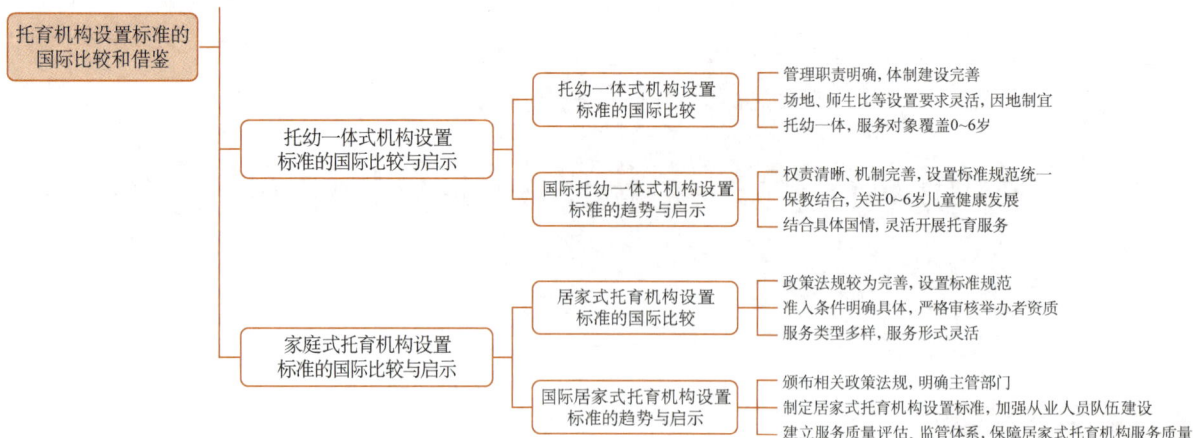

```
托育机构设置标准的
国际比较和借鉴
                    ├─ 托幼一体式机构设置    ┌─ 托幼一体式机构设置    ┌─ 管理职责明确，体制建设完善
                    │   标准的国际比较与启示 ─┤   标准的国际比较       ├─ 场地、师生比等设置要求灵活，因地制宜
                    │                        │                       └─ 托幼一体，服务对象覆盖0~6岁
                    │                        └─ 国际托幼一体式机构设置  ┌─ 权责清晰、机制完善，设置标准规范统一
                    │                            标准的趋势与启示 ─────┤─ 保教结合，关注0~6岁儿童健康发展
                    │                                                  └─ 结合具体国情，灵活开展托育服务
                    │
                    └─ 家庭式托育机构设置    ┌─ 居家式托育机构设置    ┌─ 政策法规较为完善，设置标准规范
                        标准的国际比较与启示 ─┤   标准的国际比较       ├─ 准入条件明确具体，严格审核举办者资质
                                             │                       └─ 服务类型多样，服务形式灵活
                                             └─ 国际居家式托育机构设置  ┌─ 颁布相关政策法规，明确主管部门
                                                 标准的趋势与启示 ─────┤─ 制定居家式托育机构设置标准，加强从业人员队伍建设
                                                                       └─ 建立服务质量评估、监管体系，保障居家式托育机构服务质量
```

第一节 独立式托育机构设置标准的国际比较与启示

案例导入

　　媛媛在一所国际幼儿园从事幼儿保教工作，在看到婴幼儿托育服务巨大的市场后，与几个同学商量后打算合伙创立一个国际化的独立式托育机构。在进行市场调研的时候发现，目前市场的独立式托育设置基本上都是比较规范的，但在对比、总结采用国际托育机构设置标准的托育机构时发现，不同国家的托育机构设置标准有所差异，她非常困惑：到底哪种标准才是最好的。国际上独立式托育机构设置标准的趋势是怎样的？在创立托育机构时又该如何借鉴这些国际经验与标准？

　　独立式托育服务机构指的是由个人、社会组织、企业、事业单位等主体举办，主要为3岁以下婴幼儿提供健康生活照料服务的机构。托育机构在本质上属于家庭照料的延伸，承担着替代家庭或父母照料的角色，在家庭以外的场域中提供补偿性、替代性的照料服务。独立式托育服务机构属于托育机构中的一种类型，在独立式托育服务机构中婴幼儿接受健康照料、安全看护、早期学习发展等方面的服务，从而为身心健康发展奠定基础。本节主要选取并参考发达国家或地区在发展独立式托育服务方面的经验，对其推动独立式托育服务发展尤其是标准设置上的特点进行梳理、总结，为我国独立式托育服务机构的标准设置提供一些借鉴与参照。

一、独立式托育机构设置的国际比较

（一）对独立式托育机构的环境建设有硬性规定

　　为满足不同婴幼儿家庭的需求，不同国家在独立式托育服务机构的服务对象、服务类型、服务范围、服务时间等方面均有着不同的要求与规定，但为保障婴幼儿能够得到高质量的照料服务，各国政府在独立式托育机构的环境建设上进行了细致且严格的规定（表3-1-1）。

表 3-1-1　部分发达国家对独立式托育机构场地生均面积的最低要求

国家	室内面积（m²）	室外面积（m²）	活动面积合计（m²）
美国	3.95	4.5	4.27
日本	2.24	4.5	3.37
韩国	2.64	1.65	4.29
澳大利亚	3.25	7.00	10.25
挪威	2.00	4.00	6.00

各国政府在独立式托育服务机构的环境建设都作出了规定，并根据不同的年龄段进行划分。在室内面积的规定上，如日本要求0～1岁婴儿的教室或活动室面积为人均2.5平方米以上，2岁以上幼儿的教室或活动室面积为人均1.98平方米以上；美国是以30个月为节点进行年龄段的划分，30个月以下婴幼儿的教室或活动室面积不低于每人4.65平方米，30个月以上至3岁幼儿的教室或活动室面积不低于每人4.65平方米。在户外活动面积的规定上，如美国要求独立式托育机构应当有至少111.48平方米的户外游戏区，如无法满足这一条件，则可以在步行可达的附件以公园或者其他户外设施作为替代场所，但必须能够保障婴幼儿的活动安全；澳大利亚要求独立式托育机构至少能提供每人7平方米的户外活动场地，并对安全性作出了细致的规定与要求。

此外，除了要满足婴幼儿对室内、户外场所规模的硬性要求外，有些国家还在独立式托育机构设置标准中考虑从业人员和家长的需求，如在阿联酋还要求机构必须提供成人专用的盥洗室，与婴幼儿的盥洗室分开。

（二）对举办者的资质进行严格审核

通过梳理国际上独立式托育机构设置标准发现，大部分国家对托育机构举办者的资质要求都比较严格，主要包括三大方面的要求：一是资金基础，只有在资金充足、财务合理的条件下才能保证机构的面积规定要求以及其他硬件设施的投入，也才能从根本上维持托育机构的长期运营；二是对举办者的社会声誉有要求，如道德诚信、无犯罪记录等；三是对举办者提供准入材料的严格审核，如对机构的管理制度、园所文化、婴幼儿健康照料计划等都有不同的要求，因为政府管理部门在审核材料的过程中可以对机构的基本情况进行客观的了解，从源头上保障托育机构的服务质量。

（三）婴幼儿年龄越小，师生比要求越高

师生比指的是托育机构中照料服务的师资与婴幼儿数量的比例。师生比高能够在很大程度上提升对婴幼儿行为的回应水平，有效减少对婴幼儿身心需求的忽视，也是衡量托育机构服务质量的一项重要指标。梳理发现，国际上呈现的趋势是婴幼儿年龄越小对师生比例要求越高。如美国要求30个月以下婴幼儿的师生比为1∶4，30个月以上幼儿的师生比为1∶8；日本要求0～1岁婴儿的师生比为1∶3，1～3岁幼儿的师生比为1∶6；芬兰、丹麦两国则有所不同，不进行年龄段的区分，要求所有0～3岁婴幼儿的师生比为1∶3和1∶4，目前芬兰政府对托育机构的师生比要求为全世界最高，平均3名婴幼儿要配备1名师资。

二、国际独立式托育机构设置标准的趋势与启示

（一）严把机构的准入标准，从源头上保障托育机构服务质量

制定科学、严格的托育机构设置标准，严把准入门槛，能够从源头上保障托育机构的服务规范与质

量。大多数国家都对托育机构设置标准制定了统一的设置标准,在硬件、软件等方面都有着较为细致的规定,并针对不同类型的托育机构作出了一定的区分,目的都在于从源头上对托育机构进行管理,保障托育服务市场的规范性、科学性。

我国的《托育机构设置标准(试行)》和《托育机构管理规范(试行)》在源头上对托育机构的准入标准进行了相应的规定与要求,旨在加强托育机构专业化、规范化建设,最大限度地保护婴幼儿,确保其安全与健康。目前仍需要完善的,一是我国城乡经济发展水平以及婴幼儿家庭需求存在差异,需要针对不同类型的托育机构、不同地区的托育机构设置标准进行细化;二是对托育机构举办者、负责人的资质要求需要进一步提高,这是国际上筛选托育机构的重要方式,也是决定托育机构服务质量的重要影响因素之一,值得我们借鉴;三是要研究出台针对托育机构心理环境建设的准入标准,考虑将婴幼儿情感安全、心理健康纳入托育机构设置标准范围之内。

(二) 牢筑安全防线,将婴幼儿的安全健康放在首位

梳理国际上托育机构设置标准发现,所有类型托育机构的设置标准中无一例外地都将婴幼儿的安全健康放在首位。第一是各国都关注独立式托育机构室内外场所建设的安全,在选址、硬件配置等环境建设过程中充分考虑婴幼儿安全健康的需要,如美国对婴幼儿睡眠的床、床垫都有细致的规定,防止睡眠过程中意外伤害的发生。第二是对独立式托育机构设施设备安全的管理,建立定期检修、维修的制度,确保婴幼儿活动所需的各类设施、器材的安全性。第三是关注婴幼儿的营养与喂养安全,对食品安全、营养配餐等方面均设置相应的要求。

目前我国托育机构标准设置中也是将婴幼儿的安全健康放在第一位,牢筑保障婴幼儿的安全防线,从托育机构的硬件到软件建设都细致地考虑到婴幼儿的健康安全需求。参照国际经验,我国在婴幼儿的营养与喂养安全上还需要充分考虑到有特殊饮食需求的婴幼儿,如针对肥胖儿、营养不良婴幼儿的营养食谱制订,对有食物过敏、民族饮食习惯等个性化配餐要求,均要考虑在内,满足所有入托婴幼儿的健康与安全需求。

(三) 立足婴幼儿发展需要,尊重婴幼儿发展需求的差异性

国际上独立式托育机构设置标准都能体现出对婴幼儿发展特点的尊重。第一,独立式托育机构设置标准充分考虑婴幼儿的年龄特点,尽管划分婴幼儿阶段的年龄点有所不同,但都会在师生比、生均面积等方面作出相应的要求。第二,注重配置不同的设施来满足婴幼儿不同的发展需求,如满足大动作发展的运动器材配置,针对社会性发展的游戏材料配置等。第三,关注处境不利婴幼儿。为低收入家庭、有特殊需求家庭中的婴幼儿提供额外的早期发展支持,尽可能地保障处境不利婴幼儿能够更好地融入主流社会。

从目前国家卫健委印发的《托育机构设置标准(试行)》和《托育机构管理规范(试行)》来看,也秉持了以促进婴幼儿健康发展为核心的理念,充分考虑到了不同婴幼儿家庭的照料需求,如"城镇托育机构建设要充分考虑进城务工人员随迁婴幼儿的照护服务需求",满足不同婴幼儿的不同发展需求。婴幼儿托育服务事业当前仍处于起步发展阶段,在独立式托育机构设置标准中要增加对婴幼儿发展特点的了解,将回应性照护理念与要求渗透到托育机构设置的各项标准中,又要兼顾农村地区婴幼儿的发展需求和特点,给婴幼儿创造全面、健康、安全的照料服务。

第二节　社区式托育机构设置标准的国际比较与启示

案例导入

最近一段时间,幸福社区的李主任接到很多家长的咨询,"居委会能不能开设一个托育机构或托育中心?"李主任对社区开设托育机构的事情也是一头雾水,在网上查阅了一些资料后,发现目前国内可参考的经验还比较少。社区式托育机构与独立式托育机构有什么差别? 相应的设置标准是怎样的? 对于这些都不太清楚,急需了解国际上社区式托育机构设置的一些经验和信息。

社区式托育机构是以社区为依托,主要为社区内生活的婴幼儿提供健康照料服务、为婴幼儿家长提供早期教养指导等服务。社区式托育服务具有距离近、接送方便、容易取得家长信任等优势,是发达国家应对家庭育儿能力减弱、降低少子化冲击的一条重要途径。目前我国的社区式托育服务机构尚处于摸索发展阶段,美国、英国等发达国家则在推进社区式托育服务方面积累了较为丰富的经验,希望通过梳理、总结国际上社区式托育机构在举办资格、运营管理、服务质量保障等方面的做法,以为我国社区式托育机构服务的发展提供有益的借鉴与参考。

一、社区式托育机构设置标准的国际比较

(一) 服务功能、类型多元,具有整合化特征

社区式托育机构除了为社区内婴幼儿提供全日制、半日制、计时制的日间照料外,还承担着为婴幼儿家长提供育儿支持与指导服务,共享婴幼儿活动的设施设备等功能。如英国的社区式托育机构不仅提供婴幼儿托育服务、家庭教育指导服务,还利用场地提供保姆培训、家长就业指导等服务;澳大利亚社区托育中心除了满足婴幼儿照料需求外,还为 6 岁以后的儿童提供课后托管服务。由于便捷、易得,国际上社区式托育服务建设都致力于打造一站式的综合性服务,满足婴幼儿及其家庭多元化的需求。

(二) 职责主体明确,管理、评估体制建设完善

由于各国国情差异,在组织和管理体制上不同国家的做法有所不同。如美国是由各州政府成立的早期教育与保育部门管理托育机构;英国则是由教育部门统一进行管理,致力于改变保教分离的格局。尽管各国管理部门有所不同,但基本上都呈现出国家层面通过系列政策来进行宏观指导,地方部门自治管理的管理体制。在社区式托育机构服务质量评估上,发达国家大多成立了专门的监督机构并形成了相对完善的督导体制,从社区式托育机构成立的材料审核到运营服务过程中的督查、评估、引导都有相应的措施,持续关注机构服务质量的提升。

(三) 因地制宜,场地要求相对灵活

发达国家在设置托育服务机构标准上大多要求比较高,社区式托育机构也不例外,在师生比、从业

人员资质要求等上都有相应的要求。例如,英国要求从业人员必须具备一年以上的相关工作经验才能进入托育机构工作;美国对从业人员的培训过程则更为严格,采用培训、考核相分离的形式来保证培训的质量。由于社区现有场地条件的客观存在,在社区式托育机构的场地要求上相对灵活,对户外、室内活动面积一般只规定最低生均面积,英国甚至对社区式托育机构的户外活动场地不作硬性规定与要求。

二、国际社区式托育机构设置标准的趋势与启示

(一)政策护航,顶层设计、管理体制日臻完善

为推动社区式托育服务的发展,发达国家不断进行优化公共托育服务体系顶层设计,不断整合社会各方力量,稳步推进托育服务体系建设。其一,出台促进托育服务机构相关政策,为机构发展保驾护航,在政策上、资金投入上均有一定保障。以美国为例,部分地方州政府对社区式托育机构提供的各项服务均有相应的资金支持。其二,明确主管部门职责,统一规划、统一建设。在明确行政主管部门的基础上,制定从审批到退出的系列管理制度,促进各类托育机构朝规范化、标准化方向发展。其三,将社区式托育服务功能定位于一站式服务。区别于独立式托育服务机构,发达国家在发展社区式托育机构过程中均注重其服务功能的多元化建设。

目前我国社区式托育服务发展处于摸索阶段,尽管不少地区已经在进行实践探索,但尚未总结出可复制推广的社区托育服务模式。参考发达国家发展社区式托育服务经验,我国在发展、推广社区式托育机构过程中还需作出更多的努力。一是要坚持政府主导,加强统筹协调。尽快制定社区式托育服务设置标准,明确社区式托育上级主管部门;加强财政保障力度,充分考虑困难、弱势家庭照料需求;加快建立社区式托育服务监管体系,建立、健全社区式托育机构备案制度。二是要充分发挥社区主体的治理优势,充分发挥社区的资源整合优势,吸纳多元主体的参与,同时根据城乡社区差异因地制宜,根据社区所在家庭的需求提供差异化服务。三是采用市场化运作方式。目前我国财政实力尚不能完全实现托育服务的公益性发展,而市场化作用方式既能够吸引多元主体的参与,也能够有效化解市场主导模式的风险。

(二)标准化建设,规范社区式托育机构服务标准

规范服务标准建设是国际上推动社区式托育服务机构健康发展的有效措施,对场地面积、空间安排、师资队伍等都有相应的建设要求,可以有效保障托育服务质量。我国要发展、推广社区式托育服务机构建设,首先要有指导完善的设置标准,明确场地、实施设备、师生比等具体的要求,同时要处理好与社区养老服务设施设备的共享问题;其次要制定相应的政策,既要明确社区的职责,又要对开设托育机构的社区给予政策、资金上的支持,对其他社会力量的加入与协同要进行相应的指导;最后要研制并出台社区式托育服务机构的服务标准,明确社区式托育机构的内容、形式、服务流程、服务规范等,同时还要明确社区式托育服务机构的上级主管部门,加强对托育服务质量的监督、指导。

(三)服务形式多样,为家庭提供多样化的照料支持

发达国家在发展社区式托育服务的定位上不局限于婴幼儿日间照料服务,在服务对象的年龄上拓展至小学阶段,在服务内容上将早期发展支持、家庭教养指导等服务纳入其中,在服务形式上既有针对正常婴幼儿,也涵盖了有特殊发展需求的婴幼儿,致力于打造一体化、一站式的服务中心。我国社区式托育服务在建设与发展中应充分发挥社区的资源优势,为社区内及附近的婴幼儿及其家庭提供早期教育发展、家庭教养指导等多样化服务。第一,在服务类型上提供全日制、半日制、计时制等照料服务,方

便家长接送;第二,在服务内容上增加家庭教养指导、早期发展支持、婴幼儿活动空间以及设施设备的共享等服务;第三,对弱势家庭、有特殊发展需求的婴幼儿提供扶持,通过减免费用、增加服务时间或类型等方式提供帮助。总之,无论社区式托育服务如何发展,都必须坚持"可获得""可负担""有质量""有监管"的底线。

第三节　托幼一体式机构设置标准的国际比较与启示

案例导入

某中心幼儿园在开学初接到很多幼儿家长的电话,因为托班名额已满,不少家长要求幼儿园再开设1个托班以满足幼儿的入托需求。尽管园所内还有空闲的教室,但韩园长却有着自己的担忧,目前幼儿园托班的设置标准不管是保教内容还是形式都是沿用3~6岁幼儿阶段的保教服务标准,且缺乏托育服务专业的师资。韩园长急需了解国际、国内托幼一体化托育机构有哪些设置标准,这些托育机构设置标准之间有何区别,我国发展托幼一体式机构有哪些支持政策,以便为婴幼儿提供高质量的托育服务。

托幼一体式机构能够为0~6岁儿童提供持续的保教服务,是国际上发展婴幼儿托育服务的共同趋势。从目前我国托幼一体式机构服务实践来看,无论是设置标准、服务规范还是师资队伍建设上都存在极大的提升空间,本节通过梳理国际上发展托幼一体式机构的相关经验,为我国托幼一体式机构的发展提供借鉴与参考。

一、托幼一体式机构设置标准的国际比较

(一)管理职责明确,体制建设完善

托幼一体式机构与独立式托育机构、社区式托育服务机构有所区别,服务对象为0~6岁儿童,既有托育服务也有保教服务,在管理体制上各国做法有所不同。以经济合作与发展组织(OECD)国家为例,建立了以中央管理部门为核心,统筹地方管理机构,建立自上而下的托育服务管理体制,尽管涉及部门较多,但各部门职责清晰,对国家层面统一部署的战略能有效地落实推进。澳大利亚设立了专门的儿童早期教育和保育质量局来统一管理托幼一体式机构;日本是由教育部门进行统一管理;美国则呈现多元化的管理特征,既有卫生部门主管也有教育部门统一主管。总之,无论是卫生部门、教育部门还是设置专门的管理机构,但其职能和作用都是共通的,从托幼一体式机构的准入到服务质量评估、指导都有相应的标准与流程,托幼一体式机构的建立、发展、评估、改进等工作都能有序推进。

(二)场地、师生比等设置要求灵活,因地制宜

由于各国经济发展水平不同、自然环境各异,同时受国土面积、人口出生率、文化观念等诸多因素的影响,各国对托幼一体式机构设置标准有所不同。在生均面积上,室内生均面积要求相对较高的是

美国的马萨诸塞州,要求达到 10.5 平方米,日本则由于受国土面积限制,要求较低,仅为 1.8 平方米;户外活动生均面积要求较高的是挪威,达到 32 平方米,这与其国家人口数量较少有一定关系;意大利则相对要求较低,不低于 2 平方米即可。

各国由于师资队伍建设情况不同,托幼一体式机构中师生比的要求也有所差异,如芬兰的师生比要求 1∶3.5,日本的师生比要求为 1∶5.5,美国乔治亚州的师生比为 1∶16,对比来看,托幼一体式机构师生比要求略高于独立式托育机构。

(三) 托幼一体,服务对象覆盖 0~6 岁

虽然国际上托幼一体式机构服务内容、类型存在差异,但在服务对象上均面向 0~6 岁儿童,这已经成为国际上的共同趋势。由于对学龄前年龄阶段划分的不同,国际上托幼一体式机构服务对象以 0~5 岁儿童居多,也有一些国家或地区将服务对象延伸至 6 岁,德国的萨克森州甚至将托幼一体式机构的服务范围延长至 10 岁。为保障托幼一体化的保教质量,在保教目标、课程设置、家庭教育指导等服务上均注重一体化设计,关注 0~6 岁儿童的全面整体发展。

二、国际托幼一体式机构设置标准的趋势与启示

(一) 权责清晰、机制完善,设置标准规范统一

托幼一体化模式是国际上发展托育服务的重要发展方向,完善的制度保障和运行机制是保障托幼一体化服务发展的重要前提条件。如澳大利亚的《国家教育和保育服务法》、日本的《保育所指针》、英国的《早期基础阶段法定框架》都在宏观层面对托幼一体式机构以及其他类型托育服务机构的主管部门、设置标准、服务规范、师生比、场地要求等进行了统一的规定与要求,从法律层面为托育服务质量予以保障。

从目前我国托幼一体式机构服务实践来看,在运行机制上还不够流畅。首先在主管部门上还需要进一步明确、清晰各主管部门职责。当前 3 岁以下婴幼儿托育服务归属国家卫健委主管,幼儿园则归属国家教育部管理,托幼一体式机构中的托育服务则存在管理上的交叉,因此,还需进一步明确管理部门的权责。其次,尽管国家卫健委出台了《托育机构设置标准(试行)》,但目前的托幼一体式机构都是在幼儿园的现有条件上增加的服务,所以,国家层面需要对现行的《托育机构设置标准(试行)》进行细化,对不同类型的托育机构设置标准进行细化。最后,要加快培养托幼一体化师资队伍,系统梳理、对比早期教育、婴幼儿托育服务与管理专业、学前教育专业等相关或相近专业,明确不同专业人才培养的重心,为不同类型的托育服务机构输送高质量的保教人才。

(二) 保教结合,关注 0~6 岁儿童健康发展

尽管不同国家在托幼一体式机构设置标准上有所差异,但立足点与建设目标均指向儿童的健康发展,并根据儿童在不同年龄阶段的发展需求设置相应的服务标准。随着国家经济的迅速发展,我国托幼一体化事业取得了长足的进步,"入园难、入园贵"已经成为了历史,当前党中央正在全力提升 0~6 岁儿童的保教服务质量,并取得了不俗的成绩。参考国际上托幼一体化事业发展趋势与经验,我国的托幼一体化服务推进还需继续努力。一方面,要继续坚持并发扬我国学前教育的保教结合特色,在托育服务上更加深入地研究婴幼儿身心发展的需求,将安全防护、卫生健康、生活照料与婴幼儿早期发展相结合,动态理解和实践保教结合这一原则。另一方面,持续关注婴幼儿的身心健康。由于婴幼儿年龄小,适应新环境能力弱,且表达发展需求的水平不高,因此,在师生比的设置上、师资水平的要求上均要有所侧重,在做好基本的安全看护、生活照料等工作外,要格外关注婴幼儿的心理安全,为婴幼儿健

全的性格发展奠定基础,始终立足儿童的身心安全与健康。

(三) 结合具体国情,灵活开展托育服务

梳理国际上托幼一体式机构发展历程来看,灵活开展托育服务是较为普遍的做法。从实际情况来看,我国托幼一体式机构仍以服务 3~6 岁幼儿为主,现阶段全面推广并建设托幼一体式机构仍有一定的难度,即便我国近年人口出生率出现小幅下降趋势,但全国幼儿园数量仍需要增加,地区发展不均衡现象较为突出,不能一刀切。另外,从招生对象来看,包括托幼一体式机构在内的各种托育机构以招收 2~3 岁幼儿为主,招收 2 岁及以下婴幼儿的机构较少,且现有幼儿园师资队伍水平也难以提供高质量的托育服务。再则,对现有幼儿园进行硬件的改善存在客观上的难度。因此,我国托幼一体式机构标准的设置既要严格、科学,又要根据国情,允许托幼一体式机构根据地方实情灵活地开展托育服务。

第四节　家庭式托育机构设置标准的国际比较与启示

案例导入

芸芸是一所早教机构的老师,在看到国外的家庭式托育后,萌生在生完孩子后开一个家庭式托育机构的想法,这样既可以照顾自己的孩子,又能获得一些收入。可到了创办的时候却发现没有想象中那么简单,在注册申请时找不到相应的主管部门,招聘师资时更是困难,由于缺乏保障几乎没有人愿意到家庭中来上班。芸芸一下子感到有些迷茫,不知道家庭式托育服务这条路到底能不能走下去。现在的她急需了解国际上家庭式服务机构的建设经验。

按照场域进行划分,照料服务可以划分为家庭内照料和家庭外照料,独立式托育服务机构、社区式托育机构、托幼一体式机构都属于家庭外照料的范围,而家庭内的照料则可以分为以家长或其他抚养人为主的居家照料,还有在家庭中为家庭以外的婴幼儿提供照料服务的居家式托育服务。居家式托育服务由于服务形式较为灵活,在国外属于一种较受欢迎的形式,但在国内尚属新鲜事物,需要破解的难题还有很多。

一、居家式托育机构设置标准的国际比较

(一) 政策法规较为完善,设置标准规范

规范化、制度化建设是保障婴幼儿托育服务健康有序发展的重要前提。梳理发现,尽管国际上在管理居家式托育服务机构上做法各有差异,但都通过出台相应的政策法规来明确主管部门职责以及机构设置标准,从而保障服务质量。如英国就出台了《儿童保育法案》《托育机构国家标准》,明确教育标准局负责管理居家式托育机构;加拿大的居家式托育机构由教育部及中央社会福利部联合负责;澳大利亚是由人口服务部主管居家式托育机构;日本婴幼儿托育服务体系建设较为成熟、完善,制定了系列

法规并明确由厚生省主管托育服务事业。尽管各国负责管理居家式托育机构的部门不同,但都对居家式托育机构的服务内容、设置标准进行了相应的要求,确保托育服务发展的方向性。

(二) 准入条件明确具体,严格审核举办者资质

为保障居家式托育服务质量,特别是婴幼儿的安全健康,各国都对居家式托育机构开办的资质进行了严格的审查。首先,明确居家式托育机构准入条件,并对提交的材料进行严格的审核;其次,对举办者进行背景审查,包括学历背景、年龄、是否接受过培训、有无犯罪记录、是否具有相关职业资格证书等进行审核;除举办者外,还要对其他从业人员进行准入资格审查。当然,由于各国实际情况不同,居家式托育机构设置标准也存在差异性,但都从源头上对居家式托育机构的资质进行较为严格的把关。

(三) 服务类型多样,服务形式灵活

居家式托育服务机构因面积有限,服务对象数量受到限制,但费用相对较低、时间灵活,容易受到家长的认可。在服务时间上非常灵活,既可以是临时照看服务,也可以是全日制的照料服务;在服务内容上除了日常健康照料外,还有其他方面,如英国的居家式托育机构还提供免费的早期教育服务。

二、国际居家式托育机构设置标准的趋势与启示

(一) 颁布相关政策法规,明确主管部门

为加强托育机构专业化、规范化建设,国家卫健委也出台了《托育机构设置标准(试行)》和《托育机构管理规范(试行)》,但缺少对不同类型托育服务机构的设置标准。居家式托育服务目前正处于探索阶段,虽然南京、上海等地区已经有一些探索的经验,但整体而言还有很多问题亟待探索、解决。首先是要明确行政主管部门,厘清相关部门的职责,逐步建立起自上而下的托育服务管理体系,对不同类型的托育服务机构进行统一管理;其次,要建立居家式托育机构准入和退出机制,既要保证婴幼儿的安全健康,也要保护创办者的权益;最后,出台激励居家式托育机构发展的政策或措施,明确居家式托育人员的权利、义务。

(二) 制定居家式托育机构设置标准,加强从业人员队伍建设

第一,要加快研制并出台居家式托育机构设置标准,对创办者资质、招生数量、从业人员资质、安全管理等提出具体、明确的要求。其中房屋面积、活动面积与招收婴幼儿数量比,以及招收婴幼儿的年龄段等若干具体问题需要进行科学的调研和论证。第二,建立创办者资格审查机制,严把创办者资格审查关。第三,明确其他从业人员的入职资格,对学历、职称、年龄、职业资格证书等进行明确规定。第四,加大居家式托育从业人员的培养力度,尤其是要加快从业人员培训,缓解婴幼儿托育行业人才短缺问题。

(三) 建立服务质量评估、监管体系,保障居家式托育机构服务质量

首先,要建立婴幼儿托育服务机构质量评估体系,并对独立式托育服务机构、社区式托育机构等不同类型机构的服务质量评估重点有所区分,避免一刀切。其次,要建立监管体系,加强对居家式托育机构的监管、指导,对于严重违反职业道德或者伤害婴幼儿身心健康的举办者、从业者要列入黑名单,终身禁止从事托育服务事业。最后,要加大对居家式托育机构的支持力度,落实好资金补助、协调解决好居家式托育机构运营中可能产生的邻里纠纷等问题,增加从业人员的积极性,从而更好地保障托育服务质量。

单元小结

西方发达国家或地区的托育服务事业起步早,独立式、社区式、托幼一体式、家庭式四种类型托育机构在环境建设、举办者资质、师生比、政策保障等机构设置标准上发展相对成熟。我国托育服务体系建设与发展起步晚,但由于国家层面高度重视,不断出台相关支持政策,托育机构机构设置标准建设也日臻完善。

思考与练习

在线练习

一、单项选择题

1. 目前对托育机构中师生比要求最高的国家是(　　)。
   A. 芬兰　　　　　B. 美国　　　　　C. 日本　　　　　D. 英国
2. 发展社区式托育服务的底线不包括(　　)。
   A. 可负担　　　　B. 有质量　　　　C. 有监管　　　　D. 有选择
3. 按照托育服务的场域进行划分,属于家庭内照料的是(　　)。
   A. 家庭式托育机构　　　　　　　　B. 社区托育机构
   C. 托幼一体式托育机构　　　　　　D. 独立式托育机构
4. 国际上在独立式托育机构设置标准上最关注哪些方面?(　　)
   ①资金基础　②举办者的社会声誉　③举办者提供准入材料　④举办者的学科背景　⑤硬件设施
   A. ①②③④⑤　　B. ①②③　　　　C. ①②③④　　　D. ①⑤

二、判断题

1. 目前托育机构主要招收健康的婴幼儿,加之处于发展阶段,因此,暂时不需要考虑特殊婴幼儿的照护需求。(　　)
2. 社区式托育机构具有离家近、方便接送等优势,社区式托育机构也最受欢迎。(　　)
3. 家庭式托育机构规模小,对师生比的要求可以适当降低。(　　)
4. 托幼一体式机构其实就是幼儿园,没有本质的区别。(　　)

三、简答题

1. 国际独立式托育机构设置标准对我国有哪些启示?
2. 国际家庭式托育机构设置标准对我国有哪些启示?

四、实训任务

社区式托育机构具有离家近、方便接送、家长放心等优势,某社区负责人打算利用社区的闲置空房开设一个托育中心,方便社区内婴幼儿入托。请为该社区提供国际上社区式托育机构建设的经验参考,特别是创设过程中的注意事项。

第四单元
托育机构保育活动管理

单元导读

　　本单元主要介绍了托育机构保育活动的组织实施、课程设计与开发、家园共育等内容,旨在让学生了解托育机构保育活动的内涵、内容,为婴幼儿设计与实施适宜的生活活动和游戏活动,并能学会做好家园共育工作。

学习目标

知识目标

　　1. 掌握托育机构保育活动的内涵,理解保育活动实施的原则、目标、内容和评价。

　　2. 掌握生活活动和游戏活动的内容,熟记不同月龄阶段婴幼儿的营养和睡眠需求,掌握不同领域游戏活动在设计实施时的要领。

　　3. 掌握托育机构课程设计与开发的特点、原则,了解托育机构课程评价的方式。

　　4. 了解托育机构家园共育工作的内容、意义,掌握家园共育的工作流程。

能力目标

　　1. 能根据不同年龄班婴幼儿的发展特点,提供适宜的生活活动,并做好回应性照护。

　　2. 能根据不同领域的要求和特点,为婴幼儿设计适宜的游戏活动,并能按正常流程实施游戏活动。

　　3. 能根据课程设计与开发的原则和特点为婴幼儿设计适宜的课程。

　　4. 能根据不同婴幼儿和家长的特点,制定有针对性的家园合作方案。

思政目标

　　1. 热爱托育机构工作,并为此不断提高自己的专业技能和素养。

　　2. 喜欢婴幼儿,愿意为其创设适宜的环境,设计适宜的保育活动。

　　3. 愿意做好家园共育工作,帮助每个婴幼儿营造良好的家庭氛围和托育机构氛围,形成合力共同促进婴幼儿的发展。

内容结构

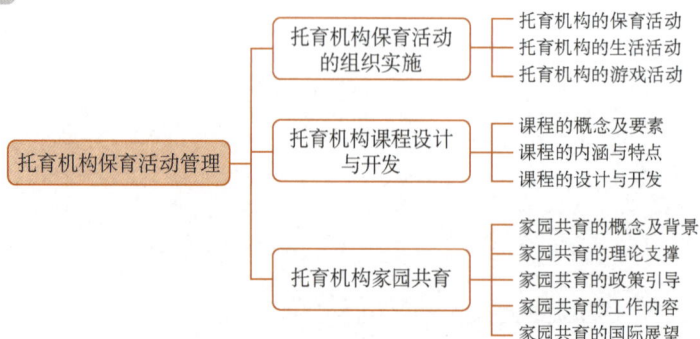

第一节　托育机构保育活动的组织实施

案例导入

张同学是一名即将进入托育机构的实习生,在专业课程学习中掌握了大量的理论知识与技能,但在正式实习前,还是感到很焦虑,不知道托育机构保育活动的组织实施有哪些具体要求,对如何照护好婴幼儿的午睡、如何科学地开展保育活动,心中都没底。一想到要真实地照护婴幼儿,张同学连晚上睡觉时都在焦虑。

一、托育机构的保育活动

根据国家卫健委颁发的《托育机构保育指导大纲(试行)》以及托育机构提供托育服务的实际情况,保育活动是托育机构工作中的核心内容,主要包括生活照护、健康卫生照护、早期学习支持等。具体包括:

生活照护:生活照护是托育服务的核心,在托育机构一日生活中占比最大,以婴幼儿的吃、喝、拉、撒、睡等方面的照料为主。

健康卫生照护:除了日常的生活照护外,托育机构还应帮助婴幼儿养成良好的卫生习惯,做好机构环境的清洁消毒,能识别、预防和紧急处理婴幼儿常见的意外伤害。

早期学习支持:托育机构的保育活动还应包括一些综合性、有针对性的早期学习支持活动,并结合婴幼儿的兴趣和特点展开。例如,动作、认知、语言、情感社会性等游戏活动,还可以通过阅读启蒙、外出游玩等方式,培养婴幼儿的兴趣爱好,提高他们的想象力和创新力。

托育机构的保育活动是为了帮助婴幼儿全面健康地发展,提供过程中从业人员应该注重婴幼儿的个人差异,注重感情培育、社交技能培养等方面的工作,维护婴幼儿的心理和体育健康,营造良好的保育环境和教育氛围。

(一) 托育机构保育活动实施的原则

一是尊重幼儿。首先,要坚持婴幼儿优先,保障婴幼儿生存、发展、受保护和参与的权利。其次,要尊重不同年龄婴幼儿的生理和心理特点,将其作为保育工作的基本出发点和落脚点。再次,要关注和尊重每个婴幼儿在发展优势领域、发展速度和发展水平方面的个体差异性,提供适宜的照护。最后,婴幼儿时期是生理、动作、语言、认知、情感和社会性等方面发展的重要奠基时期,保育要注意促进其身心全面发展。

二是安全健康。婴幼儿正处于身心发展的最初阶段和关键时期,安全健康是其发展的基础。托育机构要将安全和健康作为保育工作的重要前提和底线,要"最大限度地保护婴幼儿的安全和健康,切实做好托育机构的安全防护、营养膳食、疾病防控等工作",从而保障婴幼儿在托育机构中免受虐待与外部伤害的风险。

三是积极回应。保育人员与婴幼儿在一起时应提供支持性的情感回应,愉快地与其互动,要细心、耐心、敏感地观察婴幼儿的哭闹、语言、表情和动作,理解其生理和心理需求,并通过肌肤接触、眼神、微笑、语言等形式及时给予积极且适宜的回应。

四是科学规范。托育机构要树立科学的质量观,按照国家和地方有关安全、卫生、环保等标准和规范,合理安排婴幼儿的生活和活动,满足婴幼儿生长发育的需要,自觉规范、完善保育工作,确保婴幼儿在托育机构生活各环节的安全,不断提高保育工作的科学性和规范性。

(二)托育机构保育活动实施的目标

托育机构保育活动是为婴幼儿提供安全、温馨、有趣、适宜的生活和教育环境,促进婴幼儿的身体、心理和社交方面的全面发展。具体而言,托育机构保育活动实施目标包括以下四个方面。

1. 提供健康安全的生活环境

托育机构保育活动的首要目标是为婴幼儿提供健康、安全的生活环境。托育机构要加强环境卫生管理,确保活动场所整洁卫生,室内空气质量良好,在传染病流行季节,加强卫生管理,按时对环境进行消毒,确保婴幼儿健康安全。

2. 培养婴幼儿良好的社会交往能力

托育机构保育活动也要注重婴幼儿的社会交往能力培养。要求托育机构提供丰富的社交体验和互动经验以及社会性发展的游戏。加强婴幼儿和家长、机构人员的交流,使婴幼儿在平等、和谐的社交氛围中成长。

此外,机构保育活动还要培养与提高婴幼儿的自我认知能力。通过适龄游戏、动手操作等内容帮助婴幼儿认识自己,促进其思维创新,帮助其探索、学习、成长。

3. 促进婴幼儿身体及认知的发展

托育机构保育活动也要注重婴幼儿身体及认知的发展。机构可以通过提供多元的游戏活动,帮助婴幼儿提升肢体协调性、强化肌肉力量,用适宜的方法引导婴幼儿进行早期认知、语言和情感及社会性的学习。此外,通过特殊的课程、活动、体验培养或加强婴幼儿的兴趣爱好,促进他们在早期对艺术、自然科学等方面的学习。托育机构保育活动还需要加强婴幼儿与环境和自然的互动,并通过教育、体验、游戏等方式引导婴幼儿对环境保持敏感,促进他们爱护自然、学习探索自然的意愿和能力。

4. 帮助婴幼儿养成健康的卫生和生活习惯

托育机构保育活动希望能在日常生活中引导婴幼儿养成有益的生活习惯,如按时就餐、不挑食、掌握良好的卫生习惯以及基本的礼仪常识。托育机构保育活动的实施目标是通过有针对性的教育和生活管理,为婴幼儿提供综合性的服务,促进婴幼儿在身体、心理和社交方面的全面发展,营造安全、温馨和适宜的教育环境,从而提高家长对机构的信任度。

(三)托育机构保育活动实施的内容

托育机构保育活动是整个托育机构工作的重要部分,它包括的内容非常丰富。托育机构保育活动的实施内容,主要包括以下四个方面。

1. 心理照顾

托育机构保育活动的核心是为婴幼儿创造适宜的心理环境,因此,在任何一个活动环节或者活动内容中,保育人员要注意给婴幼儿回应性的照护,关注婴幼儿的情感需求。例如:如何安抚存在焦虑或不安全感的婴幼儿;如何帮助婴幼儿发展个性和自我认知。在托育机构,通过给婴幼儿提供满足需求和建立稳定的情感联结来建立信任和安全感,从而增强婴幼儿的心理健康。

2. 身体照顾

托育机构应该保证婴幼儿的身体健康,并提供相应的身体照顾帮助婴幼儿健康成长。一方面,需要提供丰富多彩的游戏活动、体育锻炼、户外活动等,以帮助婴幼儿建立自信和兴趣,不断提高肢体协调性及力量等身体素质;另一方面,注重饮食和睡眠,营造有利于成长发育的环境。

3. 早期学习支持

托育机构的保育活动还应包括一些综合性、有针对性的早期学习支持活动,并结合婴幼儿的兴趣和特点展开。例如,开展动作、认知、语言、情感社会性等相关的游戏活动,引导他们学习和理解合作、接纳、分享等相关社交技巧的社交经验,提高他们的想象力和创新力。

4. 家园联系

托育机构保育活动要根据婴幼儿发展的多样性建立起个性化的家园联系机制。机构应该与家长合作,共同制订婴幼儿一日作息时间安排,协调家庭和园所的活动,以维护婴幼儿的整体成长需要。建立家园联系不仅能增强家校合作的意识,让家长充分参与到婴幼儿的早期发展中来,还可充分理解婴幼儿的教育现状和家庭背景,以为每个幼儿制订个性化的成长发展计划。

托育机构保育活动在日常实施过程中涉及方方面面的内容,总目标是为婴幼儿提供全面发展的游戏活动和环境。保育人员应该制订合适的计划,将具体的内容融入日常生活和活动中,以满足每个婴幼儿的不同需求,最大限度地帮助他们健康成长。

(四)托育机构保育活动实施的评价

对托育机构保育活动实施评价是对托育机构保育工作的检验和评判,评价应该基于实际情况、成果和效益,并针对保育活动的每个领域进行综合评定,包括对婴幼儿的成长发展、与家长的合作、员工的工作效率等方面。托育机构保育活动实施评价主要包含以下三方面内容。

1. 对于婴幼儿的评价

首先是心理状况,对于托育机构的核心服务——婴幼儿的心理状况,应该从婴幼儿情感表达是否丰富、安全感和信任是否有所增强等方面进行评价。例如,是否有不少于80%的婴幼儿在住所内的表现稳定,婴幼儿的自我形象和归属感是否逐渐稳定等。

其次是生活技能,独立自理是成为自主、有生活自信的人的第一步,对于生活技能的评价应侧重了解婴幼儿是否快速地掌握了洗手、吃饭、挂衣服等基本技能,并对婴幼儿逐渐培养做事情的自信和习惯性。

再次是体能素质,托育机构保育活动中的体育锻炼,应该关注婴幼儿肢体协调、力量、平衡性等方面的发展。

最后是社会交往能力与学习探索能力,婴幼儿的自我意识、环境适应性、人际交流和沟通是社会性发展的主要内容,探索和学习能力是快乐成长不可缺少的因素,对于托育机构保育活动的学习和探索环节,应该关注婴幼儿独立思考、理解与接受的能力。

2. 对保育工作者的评价

托育机构中对保育工作的评价主要考察保育人员能否根据婴幼儿的生理、心理特点为其制订合适的计划,还要关注能否对婴幼儿进行回应性的生活照护、早期发展学习支持。

3. 对家长的评价

对于机构所提供的服务,应该考核家长是否感到满意、幸福、感动,家长的参与度也应该被考核。家长的需求、提出的问题、质疑等能否得到及时的反馈并及时地得到解决。

二、托育机构的生活活动

(一)托育机构生活活动的内容及指导原则

1. 托育机构生活活动的内容

在托育机构中,生活活动是其重要的部分,是婴幼儿的基本生活保障。根据《托育机构保育指导大纲(试行)》的要求,婴幼儿的生活活动主要包括营养与喂养、睡眠、生活与卫生习惯。

表4-1-1　3岁以下婴幼儿生活照护内容

年龄	饮食		身体活动时间	睡眠		
	喂养或进餐次数（正餐十点心）	喂养或进餐间隔时间(小时)	(小时)	日间次数（次）	日间时间（小时/次）	夜间（小时）
6～9月龄	5～6次母乳	3～4减少夜间喂养次数	≥1	2	1～2	10～12
	1～2次固体食物					总12～16
9～12月龄	3～4次母乳	3～4养成整夜睡眠习惯	≥1	2	1～2	10～12
	2～3次固体食物					总12～16
1～2岁	3+2次	3.5～4	≥3	1～2	1.5～2.5	10～11
						总11～14
2～3岁	3+2次	3.5～4	≥3	1	2～2.5	9～11

(参考《浙江省托育机构3岁以下婴幼儿照护指南(试行)》)

在托育机构中,给婴幼儿提供合理的营养饮食是非常重要的。托育机构根据婴幼儿的年龄和身体状况,提供合适的食谱及食品,以保证其健康成长,达到正常生长发育水平。具体来说,托育机构应考虑婴幼儿的营养需求,提供丰富的食品和饮料,如牛奶、奶粉、果汁、米粉、小米粥等,根据不同月龄段婴幼儿的发展特点循序渐进添加食物。同时,托育机构还应确保食品安全,掌握正确的食品处理方法,防止食品污染及食品储存不当。

睡眠是维持机体正常生长发育的重要因素,婴儿年龄越小发展越快,那么在这样一个生长发育的高峰期,充足的睡眠成为此时婴儿发展的强有力的保证。另外,在婴儿阶段,睡眠习惯的养成也非常重要,这一阶段的睡眠问题会持续至学龄前期,并增加幼儿行为问题、学业表现差和肥胖的发生率。因此,托育机构在婴幼儿的睡眠照护中要帮助其养成自主入睡的习惯,保障婴幼儿在园期间充足的睡眠。

保育人员应该为婴幼儿建立习惯养成的环境和氛围。具体包括:培养良好的饮食习惯、睡眠习惯、个人卫生习惯等。此外,对于托大班的幼儿,还应有更高质量的生活习惯,如整齐收拾玩具、做好鞋袜等的整理、衣服的穿脱等。

卫生保健是托育机构生活活动的重要组成部分。保持干净卫生的环境可以促进婴幼儿健康成长。托育机构应根据婴幼儿年龄和特点制定不同的卫生保健制度。具体包括:打扫、清洁、消毒、通风等。另外,在托育机构中,保护幼儿的身体健康还包括预防传染病的发生。

2. 托育机构生活活动的指导原则

(1)差异性原则

婴幼儿在生理、心理、智力等方面有很大的个体差异,托育机构的保育活动应针对不同婴幼儿的不同特点制订相应的保育方案,制订个性化、有针对性的保育计划,以帮助婴幼儿更好地成长和发展。

(2)个性化原则

托育机构的保育活动应围绕婴幼儿的需要展开,注重情感教育,全面关注婴幼儿的身体、心理、社交等方面的发展。托育机构的保育活动应该倡导积极、健康、生动、富有创造性和主动性的保育形式,为婴幼儿提供尽量多元化、富有启发性的保育方法,并注重培养婴幼儿的自信心和独立性,让他们在快乐中建立自我意识,发展个性,习得各种技能,促进身心全面、稳定发展。

(3)适宜性原则

托育机构的保育活动应该根据各年龄阶段婴幼儿不同的特点和需要,科学制订保育目标和计划。保育目标要基于婴幼儿的发育特点和需求,而保育计划应该具体、有序,以确保婴幼儿得到充分的照顾和有足够的活动、游戏时间,合理规划教育内容和方法,建立良好的教育流程。

托育机构的保育活动还应注意环境的适宜性,保育人员要建立温馨、和谐、有序、充满爱的保育环境,尽力保持安全和卫生、智慧化、绿化、文化等方面的水平。机构管理者应全面关注婴幼儿环境的质量,包括卫生、安全、设施及其他细节问题,并立即给出相应的改善措施,为家长和婴幼儿提供更安全、舒适和亲切的环境。

(4)安全性原则

托育机构的保育服务质量关系到婴幼儿的身体和心理健康,机构应妥善处理与家长沟通和遭遇困难时采取什么样的应对措施,建立有效的质量保障和安全保障措施,维护机构声誉。机构须建立相应的安全保障机制,采取必要举措防止其中意外事故的发生,并保持良好的事故报告制度,保障婴幼儿的人身安全。

托育机构的保育活动应以婴幼儿为中心,关注婴幼儿个体差异,注重情感教育,科学制订保育目标和计划,营造温馨、和谐的保育环境,加强保育人员资质和管理机制,建立质量保障和安全保障措施与机制。这些原则将帮助托育机构为婴幼儿提供更好的保育服务,促进其健康、快乐、全面发展。

(二)婴幼儿营养与喂养

托育机构婴幼儿的饮食有专人负责,建立有家长代表参加的膳食委员会并定期召开会议。工作人员膳食和婴幼儿膳食要严格分开,每天按人按量供应主副食,杜绝隔日剩饭菜。招收哺乳期婴幼儿的,需配置母乳喂养室(配置洗手池、换尿布台),配备有专人负责储存母乳的冰箱,储存的母乳都应详细标明泵奶时间、婴幼儿和母亲姓名。

1. 托育机构幼儿进餐的注意事项

在托育机构中,婴幼儿饮食非常重要,因为饮食健康直接影响到身体的发育和智力的提升。

一是,相关工作人员一定要注意膳食卫生。膳食及饮用水和各类食物摄入应当符合国家有关标准和规范。创建卫生、整洁、舒适的进餐环境,餐前做好充分准备,按时进餐,保证婴幼儿情绪愉快,培养婴幼儿良好的饮食行为和卫生习惯。

餐饮具必须消毒并保洁存放,刀、板、盆、抹布等各类工具和容器做到分开使用,定位存放,用后洗净,保持清洁。食品及原料符合食品安全标准,禁止提供生冷拌菜,加热时中心温度应当高于70℃,未经充分加热的食品不得食用,食品不得接触有毒物、不洁物。母乳保存在37℃以下室温不超过3小时,冰箱冷藏保存不超过24小时,家用冰箱冷冻室冻存不超过3个月。储存母乳喂养前核对姓名和储存时间,用温水加热至37℃~40℃。婴幼儿家长自带的配方奶粉应标明生产日期、打开日期、保质期、婴幼儿姓名、家长姓名等信息。特殊配方奶粉如早产儿配方奶粉、深度水解配方奶粉应单独存放管理。

二是,要注意膳食营养。根据婴幼儿生理需求,按照标准规范制订婴幼儿膳食计划,合理做好婴幼儿膳食安排,详见表4-1-2。

表4-1-2　托育机构婴幼儿膳食安排

项目	6个月	7~9个月	10~12个月	12~24个月	24~36个月
母乳喂养(根据月龄及婴幼儿特点适当添加奶粉)	按需喂母乳并开始添加辅食	每天4~6次母乳	每天3~4次母乳	每天摄入母乳或液态奶300~500 ml	每天喝奶量300~500 ml
辅食添加	每天1次泥糊状食物	每天1~2次泥末状食物	每天2~3次碎的颗粒状食物,手指状食物	每天3次正餐2次点心	每天3次正餐2次点心

(续表)

项目	6个月	7~9个月	10~12个月	12~24个月	24~36个月
谷物杂粮	强化铁米粉、厚粥	厚粥、烂面片、软馒头片(约30~50克/天)	烂米饭、烂面、包子(约50~75克/天)	软米饭、馒头面类(约75~100克/天)	米饭、饺子、饼等米面类(约100~180克/天)
动物类蛋白食品和豆制品	—	肉泥、鱼泥、肝/血、蛋黄(共约15~25克/天)	肉末、肝/血、鱼、禽类(25~50克/天)、蛋1个	肉、鱼、禽类(50~75克/天)、蛋1个	肉、鱼、禽类(约75克/天)、蛋1个,大豆及豆制品(25克/天)
蔬菜水果	菜泥、果泥	菜末、果泥(共约45~75克/天)	碎菜(约50~100克/天)、水果(约20~50克/天)	碎菜(约100~200克/天)、水果(约50~100克/天)	蔬菜(约150~250克/天)、水果(约100~150克/天)

本表参考《实用幼儿保健学》、国家妇幼中心《养育风险咨询卡》

婴儿满6月龄开始添加辅食,鼓励母亲继续坚持母乳喂养,母乳喂养次数逐渐从每日5~6次减少至3~4次,辅食从开始时每日1次,至7~9月龄增加至每日2次,10~12月龄每日2~3次。首先添加强化铁米粉,适应后添加蔬菜泥、果泥,再逐渐添加瘦肉、肝泥、蛋、鱼等动物性食物。每添加一种新的食物应观察5~7天,注意有无过敏或不良反应。食物质地从泥糊状逐渐转换成泥末状食物,至10~12月龄转换至颗粒/小块状或指状固体食物。辅食制作尽量无盐、少糖,不提供含糖饮料。

关注婴幼儿进食需求的信号,顺应性喂养。鼓励婴幼儿进食各种健康食物,给婴幼儿示范进食固体食物时的咀嚼和吞咽动作,让婴幼儿学习、掌握咀嚼和吞咽技能。学习抓取指状固体食物自喂,学习用杯子饮水,1~2岁学习用勺进食。

2. 托育机构幼儿进餐指导

乳儿班婴幼儿以奶制品为主,按需喂养,而托小班、托大班幼儿则需摄入更多主食,因此在保证营养的同时,进餐习惯也显得格外重要。

(1)婴幼儿的饮食需求

蛋白质:蛋白质是婴幼儿每天所需要的营养成分之一,婴幼儿出生后的头两年是身体发育最迅猛的时期,蛋白质在这时期特别重要。蛋白质可以促进婴幼儿的生长发育,促进免疫系统的发展。

碳水化合物:碳水化合物不仅为婴幼儿供应能量,而且是糖尿病、肥胖症和高血压等疾病的风险受到影响的一个关键指标。

脂肪:脂肪是婴幼儿机体每日所必需的,容易被人体吸收,能够增强其免疫力,促进营养物质的沉积,符合机体的需要。

维生素与矿物质:维生素与矿物质基于人体对微量元素的需求,能促进婴幼儿的骨骼发展、智力发育。

(2)餐具和环境卫生

餐具卫生:餐具必须在进餐之前消毒,保证其无菌,禁止使用不洁、变质、易污染的餐具。

卫生间清洁:如果婴幼儿如厕了,洗手是必须要做的,每个婴幼儿的洗手过程大概30秒至1分钟不等,无论保育人员还是家长,都必须时刻关注婴幼儿洗手时的安全及卫生。

除臭消毒:进餐的桌椅、洗手台、食品柜、垃圾桶等周边区域都是重要的消毒区域,婴幼儿就餐器具和餐桌及周边都应每日清洗、消毒,并及时晾干。

(3)进餐规范

幼儿在用餐时需要坐姿端正,双脚并拢放在地上,不要趴在餐桌上。同时,餐桌也需要合适的高度,让幼儿进餐时能够放松、舒服。如幼儿在用餐过程中出现呕吐,要及时关注,查看幼儿精神状况,及时与家长取得联系,如出现连续打嗝、咳嗽,或者被食物卡住都要及时介入。用餐时间要固定,控制在15～20分钟内。幼儿的饮食量不宜过大或过小,每个幼儿饮食量都是不一样的,需要教师通过观察并根据幼儿的食欲来确定食物的大小和摄入量。

(三)婴幼儿睡眠的指导

婴幼儿期是人类生命中一个非常重要的阶段,这一阶段的睡眠对于婴幼儿的身心健康和发展具有极为重要的影响。

1. 7～12个月婴儿的睡眠特点

7～12个月的婴儿需要14～15个小时的睡眠时间,其中10～11个小时为晚上睡眠,3～4小时为白天午觉。这一阶段的婴儿睡眠分为两个阶段:快速眼动睡眠(REM)和非快速眼动睡眠(NREM)。REM睡眠是指婴儿在睡眠时出现的脑电波快速而有规律,眼球在睡眠中快速运动,称为"快速眼动",同时婴儿的肌肉会完全放松。这一阶段的睡眠非常浅,容易被外界噪音和体感刺激唤醒,占幼儿整个睡眠周期的50％以上。NREM睡眠是指幼儿在睡眠时脑电波速度较慢,身体肌肉松弛,眼球不快速运动,此时睡眠深度较深,很难被外界干扰唤醒。

2. 12～24个月幼儿的睡眠特点

12～24个月的幼儿需要12～14个小时的睡眠时间,其中10～11个小时为晚上睡眠,1～2小时为白天午觉。这一阶段的幼儿睡眠仍分为REM和NREM两个阶段,但相比于7～12个月的幼儿,REM睡眠时间会减少。REM睡眠时间比7～12个月的婴儿少,占总睡眠时间的25％～30％,此时幼儿仍然非常容易被外界噪音和体感刺激唤醒。NREM睡眠时间比7～12个月的婴儿长,占总睡眠时间的70％～75％,此时幼儿的睡眠深度相对较深,很难被外界干扰唤醒。

3. 24～36个月幼儿的睡眠特点

24～36个月的幼儿需要11～13个小时的睡眠时间,其中10～11个小时为晚上睡眠,1～2小时为白天午觉。这一阶段的幼儿的睡眠分为三个阶段:REM、NREM和趋势性睡眠(TS)。REM睡眠时间与12～24个月的幼儿相似,占总睡眠时间的20％～25％。NREM睡眠时间与12～24个月的幼儿相似,占总睡眠时间的50％～60％。TS睡眠时间为1～2个小时,是指幼儿在从NREM转入REM阶段前的一个短暂睡眠阶段,此时幼儿有意识地进入一种半睡半醒的状态,随时准备醒来。

4. 婴幼儿睡眠照护要点

(1)营造合适的睡眠环境

一般来说,婴幼儿的睡眠环境应该是阳光、温暖、安静、整洁、舒适的。在托育机构中,在睡觉前需要组织好相关的活动,如唱歌、读书、讲故事等,以帮助婴幼儿放松情绪和渐进式地进入睡眠状态。在睡前,可以为婴幼儿提供放松的音乐或其他松弛自然的环境,如静谧的大自然、缓缓流淌的河流、水滴声、鸟鸣声等可以帮助婴幼儿放松身心,缓解紧张情绪。在睡眠之前,保育人员应检查床铺安装状态,确保床铺安全,并避免使用过于厚实或柔软的枕头和床垫。值得注意的是,需要尽量避免扰乱幼儿的睡眠,如突然开灯或快速移动过于明亮的玩具等。

(2)控制白天的睡眠时间

白天睡眠对于婴幼儿是必要的,但过多的白天睡眠会影响夜间睡眠质量,造成夜间惊醒或早醒等问题。因此,在托育机构中,应该根据婴幼儿的年龄和个体情况,制订合理的白天睡眠时间和节奏,以达到恰当的平衡。

(3)有序巡视定睡眠

午睡时保育师要多巡视、走动,注意观察每一位婴幼儿的体征变化情况、呼吸音量情况等有无异常。如有个别婴幼儿入睡难,保育人员应耐心观察,了解婴幼儿难入睡的原因,找到原因有利于用正确的方法引导幼儿入睡。在一定情况下,对特殊婴幼儿特殊对待,满足睡眠少的婴幼儿。另外,有意识培养幼儿有尿意时能主动向保育人员表达的能力。保育人员也要观察幼儿的肢体语言表达。例如有的幼儿在熟睡中有小便时,不会自然醒过来,也不会告诉保育师。而是两只脚不停地动,这样的情况表示他要解小便,必须及时叫他起来解小便,小便结束后要及时进入睡眠。

最后,幼儿午睡结束后要注意安全。托班的幼儿年龄小、动手能力差。这就需要保育人员帮助他们穿衣服,因此必定会忽视那些衣服已穿好的幼儿,这时也是幼儿最容易出现危险的时候。为了防止事故的发生,保育人员可以通过图书来吸引幼儿,也可以两位保育人员照护穿衣幼儿,一位保育人员照护在午睡室外玩耍的幼儿,尽量避免意外事故的发生。

(四)婴幼儿生活与卫生习惯的指导

托育机构中保育人员的重要工作之一就是指导幼儿生活与卫生习惯。主要包括指导幼儿盥洗、如厕、穿脱衣服。

1. 婴幼儿盥洗

(1)正确的洗手方法

洗手掌,用水湿润手部,均匀涂抹洗手液,然后掌心对掌心,手指并拢相互揉搓。

洗手背,掌心对手背沿指缝相互揉搓,然后两手交替。

洗指缝,两手掌心对掌心,手指交叉,相互揉搓。

洗拇指,一只手握住另一只手大拇指旋转揉搓,然后两手交替。

洗指背,弯曲各手指关节,半握拳把指背放在另一只手掌心处旋转揉搓,然后两手交替。

洗指尖,把指尖并拢在另一只手掌中揉搓,然后两手交替。

洗手腕手臂,用手指揉搓手腕、手臂,然后两手交替。

婴幼儿洗手时,一定要有保育人员在旁边看护指导。同时洗手台的高度要符合婴幼儿身高,洗手液应是婴幼儿级别。

(2)保持婴幼儿口腔卫生

口腔卫生对于婴幼儿的健康成长尤为重要。婴幼儿牙齿和嘴巴的清洁对于预防牙齿和口腔疾病非常重要。洗完脸后,应该帮助婴幼儿刷牙,并确保定期更换婴幼儿的牙刷,避免天气潮湿导致牙刷滋生细菌。

(3)保持身体的清洁

婴幼儿臀部的清洁与护理是卫生的一个重点。经常更换尿布,避免尿不湿的时间过长,让尿布紧贴的位置时刻保持干爽,预防红屁屁产生。更重要的是,清洁婴幼儿的尿部和肛门时,应该采用正确的清洁方法和卫生习惯。

2. 婴幼儿如厕

如厕指导也是托育机构保育活动的重要内容之一,包括婴幼儿的大小便控制、卫生保健以及自我独立能力训练等方面,这些方面的指导会直接影响到婴幼儿的卫生保健和日后的学习能力。

(1)婴幼儿的大小便控制

首先是尿布的更换。婴幼儿用尿布,时刻要保持干爽和清洁,尿布更换的次数是非常关键的,一般推荐2~3个小时更换一次,防止细菌感染,同时要注意皮肤的清洁,保护婴幼儿的皮肤,避免产生红屁屁。

(2)减少尿布使用与断尿训练

在大小便训练上,有一些婴幼儿仍然会不自觉地依赖尿布,导致训练成效不佳。托育机构可以适当减少尿布的使用和逐渐进行断尿训练,并且在此过程中要向婴幼儿说明大小便的区别,并给予正确的反馈和指导。

持续的憋尿训练。对于处于戒尿布训练阶段的婴幼儿,持续的憋尿训练是非常有必要的。这个过程需要家长、保育人员配合进行,通过控制水和饮料的摄入量,逐渐延长憋尿的时间,直到婴幼儿完全掌握自己如厕时间的规律。

在协助婴幼儿如厕训练的过程中,要培养他们的自我意识,增强他们的认知能力。要教会他们学会判断自己的生理需求,提高自我管理能力,避免由于不适当的依赖而产生便秘等问题。给予婴幼儿正确的奖励和鼓励,让他们在如厕训练中感受到成就感和自豪感,并且提高他们自我管理的能力和独立性。

（3）婴幼儿穿脱衣服

婴幼儿自我穿脱衣服是一项基本的生活技能,这项技能的掌握不仅能够提高婴幼儿的自理能力,还能够培养其独立性和自信心。

穿衣的顺序与要点:①预备动作:在穿衣之前,先准备好需要穿的衣物,并保证干净整洁。②穿衣正式动作:穿衣的时候先穿贴身衣服,并拉好口袋和衣领,接着穿上外衣,注意整齐,打开拉链或是扣子,弯曲手臂和插入袖子,帮助婴幼儿对齐纽扣和扣眼或拉链。

脱衣的顺序与要点:①保育师陪同在旁边,以避免婴幼儿哭闹。②首先解开扣子或者拉链,然后让婴幼儿伸出手臂,轻轻地扣下或者解开。③接着让婴幼儿下身在坐着的位置,将裤子慢慢脱下,小心护理婴幼儿的身体。

季节的变化也是穿脱衣服指导中需要注意的一项因素。冬季因为气温低,需要给婴幼儿穿较厚的衣服,不要穿得过多,要保证温度的同时,还要保证舒适度。夏季需要给婴幼儿穿适合夏季穿戴的衣服,如短袖、裤子等,夏季的衣服要透气,亲肤棉质的面料就是一个很好的选择,无论什么季节,衣服的选择既要保证安全舒适,还要利于婴幼儿自己穿脱。

三、托育机构的游戏活动

（一）托育机构游戏活动设计的理论基础

婴幼儿游戏设计是婴幼儿早期发展的重要组成部分,它不仅有助于婴幼儿身心的健康发展,还可以帮助其学会社交技巧、语言沟通、解决问题等重要技能。婴幼儿游戏设计的理论基础主要包括幼儿认知和发展理论、社会学习理论、多元智能理论等。

1. 婴幼儿认知和发展理论

婴幼儿认知和发展理论是婴幼儿游戏设计理论的基石。它主要涉及婴幼儿的思维发展、感知能力、语言发展和社交技能等关键方面。婴幼儿是通过游戏来探索和学习世界的,因此游戏设计必须考虑婴幼儿认知和发展的特点。

皮亚杰的认知发展阶段理论指出,婴幼儿在感知运动阶段通过感官知觉获得知识和经验,进而建立了符号功能,再到运算符号和符号操作的抽象阶段。因此在婴幼儿游戏设计中需要根据婴幼儿的认知特点,进行针对性的游戏设计,提高其认知和发展能力。

2. 社会学习理论

班杜拉强调模仿和观察学习,他认为幼儿总是"张着眼睛和耳朵"观察和模仿周围人们的那些有意的和无意的反应,观察、模仿带有选择性。班杜拉的社会学习理论所强调的是观察学习和模仿学习。

在观察学习的过程中,幼儿获得了示范活动的象征性表象,这些表象引导其进行适当的操作。观察学习的全过程由四个阶段（或四个子过程）构成。对于0～3岁婴幼儿来说,观察学习和榜样示范具有重要意义,模仿是其学习的一种特殊方式。越来越多的科学研究证明,新生儿能对各种面部表情进行模仿,且年龄更大的婴幼儿不仅会运用模仿能力,还会利用观察来学习,获得基本的个人和社会技能。

3. 多元智能理论

多元智能理论是由哈佛大学教育研究院的发展心理学家霍华德·加德纳在1983年提出的。与传统的"一元智能理论"不同,加德纳认为每个人都拥有不同的智能优势组合,并且承认不同的人有不同的智能强项。支撑多元智能理论的是个体身上相对独立存在着的、与特定的认知领域和知识领域相联系的八种智能。

受遗传和环境的影响,智能在不同个体身上的体现是各不相同的。0～3岁婴幼儿,主要发展的是偏生理性、认知性和心理社会性的智能。多元智能理论丰富了早期教育的教育内涵和教育观。这种"以个人为中心的教育"使我们能更加科学全面地了解婴幼儿的发展。

(二)托育机构动作游戏活动的组织实施

托育机构中,动作游戏活动是一种非常受欢迎的活动形式。通过这种活动,可以提高婴幼儿身体的协调性、平衡感和反应能力,同时也可以增强他们的团队意识和合作精神。在组织和实施动作类游戏的过程中,需要注意以下6点。

1. 制订合理的活动方案

在组织任何一种游戏活动之前,首先需要准备一个详细的活动方案。这个方案应该包括活动的名称、适合的月龄段、目的、准备、活动过程、场地要求等。计划制订要充分考虑到婴幼儿的年龄、个体差异和身体素质等。

2. 确保安全

安全是一切活动的首要原则。在动作游戏活动中,需要注意场地与器材的安全性,确保场地空间够大,地面要平整无障碍,器材安全。同时,班级保育师的站位必须到位,确保婴幼儿在活动过程中不受伤害。

3. 培养团队意识

动作游戏活动可以培养幼儿的团队意识和合作精神。粗大动作的活动需要教师进行示范,引导幼儿独立完成任务和挑战后,可进行分组或依次排队进行,培养幼儿的团队意识和合作精神。

4. 选择合适的游戏

婴幼儿粗大动作的游戏所涉及的基本动作有抬头、翻身、坐、爬、站、走、跑、跳等,而精细动作主要涉及抓握、拍打、取放等,在策划动作游戏活动时,需要根据婴幼儿的年龄、身体素质和兴趣爱好等,选择适宜的游戏。有些游戏需要良好的协调能力和反应能力,而有些则更注重团队协作。

5. 提供适当的道具和器材

粗大动作游戏活动需要使用一些道具和器材,例如球类、平衡木、障碍物、半圆形拱桥等。这些道具和器材的质量要有保障,并适合婴幼儿的生理特点,防止造成伤害。

6. 注意适度运动

尽管动作游戏活动对于婴幼儿的身体健康和成长十分有益,但是需要注意适度运动,防止过度运动对婴幼儿身体产生负面影响。在活动过程中,要特别注意体能消耗和疲劳程度,及时提供水和休息时间,以保证婴幼儿的身体和精神能够得到充分的休息和恢复。

(三)托育机构语言游戏活动的组织实施

在托育机构中,语言游戏活动是非常受欢迎的活动形式。通过这种活动,婴幼儿可以提高倾听与表达能力,例如发音、词句的表达等。在组织和实施语言活动的过程中,需要注意以下两点。

1. 制订活动方案

在组织语言游戏活动前,首先需要确定活动的目的和主题。根据婴幼儿的年龄、语言能力和兴趣爱好等,选择适合的主题,例如颜色、数字、动物等。同时,需要考虑语言游戏活动的目的,例如学会说某个字词句、提高沟通表达能力、学会说某种句型等,从而在活动过程中更好地指导婴幼儿。

2. 游戏形式和内容

语言游戏活动可以采用多种形式和方式进行,例如问答、多听多说、角色扮演等,这种活动更容易激发婴幼儿的兴趣和好奇心。在游戏中使用故事、歌曲或图片等形式也可以有效地吸引婴幼儿的注意力,同时为他们提供更多的语言输入机会。语言游戏活动需要一个舒适、语言素材丰富的环境。为此,可以在游戏现场提供丰富的图书、教具、玩具和其他有助于语言学习的材料,激发婴幼儿学习语言的欲望和兴趣。

在语言游戏活动中,保育师要采取创造性的评价方式,鼓励婴幼儿尝试新的语言表达方式,帮助他们掌握更多的语言。对于婴幼儿的表达要及时鼓励,进行正强化,增加其语言表达的自信心和成就感。

托育机构语言游戏活动的组织实施需要考虑多个方面,包括活动的目的和主题、形式和方式、语言环境、评价等。只有根据婴幼儿的背景、需求和特点,进行有针对性的设计与实施,才能让他们在语言游戏活动中获得更好、更全面的发展。

(四)托育机构认知游戏活动的组织实施

认知游戏活动是托育机构和家庭中广泛使用的一种活动形式,它是通过游戏的方式帮助婴幼儿发展认知能力,例如感知、注意、判断、记忆和理解等能力。在组织和实施这种活动的过程中,需要注意以下3点。

1. 制订活动计划

婴幼儿的认知游戏应该围绕生活展开,例如生活中的颜色、数字、形状等。计划制订要充分考虑到婴幼儿的年龄、个体差异和认知能力等。

2. 选择合适的游戏

在策划认知游戏活动时,需要根据婴幼儿的年龄、认知能力和个体差异等,选择适宜的游戏。例如,有些游戏训练的是记忆力和注意力,而有些则更注重对感官的刺激。因此,需要针对不同的婴幼儿选择不同的认知游戏。不同的认知游戏所需的教具也不一样,例如感官教具、拼图、积木、迷宫等。这些教具应该是质量有保障,并适合婴幼儿的年龄和认知能力,防止造成不必要的挫败感。

3. 营造温馨的氛围

在认知游戏活动中,婴幼儿需要像在游戏中一样放松自己,并大胆尝试、探索和发现。因此,为了让婴幼儿更好地沉浸在活动中,托育机构可以通过环境创设,添加趣味性的道具、背景音乐或主题游戏场景来营造出一个温馨的氛围。认知游戏还需要注意激发婴幼儿的兴趣,在组织认知游戏活动的过程中,可以多进行游戏互动,让婴幼儿自信、愉快地尝试、探索和发现,增强信心和参与游戏的愿望。保育师在开展认知类游戏活动时,不要过分强调游戏的结果,应该更重视游戏过程中婴幼儿的情绪体验。

(五)托育机构情感社会性游戏活动的组织实施

婴幼儿社会性发展是指婴幼儿在自我意识、人际交往、情绪交流与控制等方面的变化。情感社会性游戏活动是托育机构中常见的活动形式,旨在帮助婴幼儿建立社交关系,增强自我认知和情感表达能力,促进情感和社会性发展。在组织和实施这种活动的过程中,需要考虑以下两点。

1. 制订活动计划

基于婴幼儿的年龄、个体差异和情感社会能力等,制订活动的名称、适合的月龄段、目的、准备、活动过程、场地要求等。

2. 选择适宜的游戏

在策划情感社会性游戏活动时,需要根据婴幼儿的年龄、社会技能和个体差异等,选择适合的游戏。例如,有些游戏可以帮助婴幼儿学会如何合作、共享、聆听和交流等社交技能,而有些则更注重情感表达、自我认知和情境处理等方面能力的提升。因此,需要针对不同的婴幼儿选择不同的情感社会性游戏。情感社会性游戏活动需要使用一些教具,例如橡皮泥、布偶、小厨房玩具等。这些教具应该是质量可靠的,并适合幼儿的年龄和情感社会能力,防止造成不必要的挫败感。保育师要为婴幼儿营造温馨舒适的环境,使其在游戏过程中自信、愉快地尝试、探索和发现。游戏中鼓励婴幼儿进行交流、分享和合作。

保育师要根据婴幼儿特点编制情感社会性发展观察记录表,并根据其表现客观记录,针对具体情况干预评估。

第二节 托育机构课程设计与开发

案例导入

在"乐童"托育机构的一次家长会上，有几位家长反映：其他托育机构都有一些课程，比如体能运动课、涂鸦课、音乐课，而我们这里好像没有什么课程，都是一些生活方面的活动，建议托育机构开发或引进一些特色课程，丰富孩子们的生活。这几位家长的话引起了其他家长的共鸣，表示如果托育机构能够多开发一些课程的话，肯定愿意参加。面对热情的家长们，负责人崔老师应该怎样跟家长们讲清楚什么是托育机构的课程呢？又如何设计、开发一些特色课程来满足家长们的心愿呢？

《托育机构保育指导大纲(试行)》中提出要"通过创设适宜环境，合理安排一日生活和活动，提供生活照料、安全看护、平衡膳食和早期学习机会，促进婴幼儿身体和心理的全面发展"，然而，目前国家层面暂未出台较为具体、可操作的指导实施意见，这就为托育机构的组织管理带来了不小的难题。对托育机构而言，适合婴幼儿早期学习的课程应该是什么样的呢？又该怎么设计与开发呢？只有正确理解课程的概念及要素，掌握托育课程的内涵与特点，才能设计与开发出适合托育机构的课程。

一、课程的概念及要素

(一) 课程的概念

自"课程"一词得到推广和运用以来，关于课程的定义超过百种，随着教育事业的不断推进，对课程的新理解和新定义还将不断产生。广义上，课程是一种教育性经验，是对主体产生积极影响的各种因素的总和。狭义上，课程专指学校场域中存在和生成的有助于学生积极健康发展的教育性因素以及学生获得的教育性经验。

在教育实践过程中，综合对课程不同的表述与理解，主要有三种倾向，即学科倾向、活动倾向、经验倾向。然而无论如何定义、如何理解，人们对课程理解的背后都隐含着某种立场或哲学假设或教育观或儿童观，是人们在特定的社会文化背景下针对其需要解决的问题来理解课程的概念[①]。因此，每一种对课程的理解都是不完美的，随着实践的推移又会伴随新问题的出现。

(二) 课程的基本要素

理解课程的前提是把握课程的基本要素，知道课程的目标、内容、实施、评价，只有这样才能了解课程的整体面貌，为我们认识托育机构课程提供帮助。

1. 课程目标

课程目标是课程本身要实现的具体目标，是课程的指南针，是期望在一定教育阶段的学生通过课

---

① 李建军. 幼儿园课程理论[M]. 南京：南京师范大学出版社，2018：1—3.

程学习后要达成的程度。课程目标是课程设计的起点,也是课程的终点。以托育机构课程为例,课程目标可以划分为四个层次:托育机构课程总目标、年龄段目标、单元课程目标和教育活动目标。在课程目标的系统设计过程中是按照从高到低、从大到小进行逐步设计,课程的实施则是通过单次的教育活动目标、日目标、周目标、月目标、年龄段目标到最终实现总目标。

值得注意的是,在3～6岁幼儿园阶段,《3～6岁儿童学习与发展指南》要求幼儿园按照小班、中班、大班三个年龄段进行递进式的学习,但托育机构的情况则有很大不同,尽管托育机构设置了托小班、托中班、托大班,但婴幼儿入托通常具有较大的随意性,这就为托育机构课程目标的设计带来了挑战,既要保证课程目标设计的科学性、递进性,做好整体的设计,又要考虑到课程目标设计的相对独立性,能够满足不同年龄段婴幼儿的阶段性发展需求。

2. 课程内容

课程内容是由符合课程目标要求的一系列的间接经验和直接经验组成的,用以构成课程的基本材料。课程内容选择的原则一般要注意课程内容的基础性与全面性,要贴近社会生活,与学习者的年龄特点、认知水平相适应。

《托育机构保育指导大纲(试行)》中对情感与社会性发展的目标描述为:有安全感,能够理解和表达情绪;有初步的自我意识,逐步发展情绪和行为的自我控制;与成人和同伴积极互动,发展初步的社会交往能力。托育机构课程内容选择时就需要从婴幼儿身心发展特点和需要出发,在一日生活环节中提供早期学习与发展的机会,通过日常生活的交流与玩耍,教会婴幼儿获得新的技能和行为,以感性的、具体的形式对婴幼儿身心产生潜移默化的影响。

3. 课程实施

在制订课程目标和选择课程内容后,必须通过一定的手段和途径来实践,课程的价值和意义才能体现出来。关于课程的实施主要有三种观点,第一种是课程实施的忠实取向,认为课程实施就是将编制好的课程计划付诸实践的过程,是实现课程目标的手段,应该严格执行课程计划,否则无法完成既定的课程目标。第二种是相互调适取向,认为课程实施过程受制于学校的执行力度、教师对课程的理解程度、学习者的状态以及社会环境等多因素的影响,具体实施过程中要结合实际情况进行灵活调整。第三种是创生取向,认为真正的课程并不是事先编制好的,应该是情境化、个性化、随机性的,强调"课程是实践"。上述三种观点从不同层面揭示了课程实施的本质,也启示我们,课程实施既包括教师的教、学习者的学,还包括教学过程中的中介因素影响,即从课程的编制到实施应有一定的弹性。

4. 课程评价

课程评价是课程编制的最后一个环节,是课程运作的终点,同时又是其继续发展的起点,有着极为重要的价值和地位。课程评价具有诊断、鉴定、导向三大作用,在于及时检验、发现课程编制、实施过程中存在的问题,并以此为调整和改进、不断完善课程的依据,也是课程编制形成闭环的一个关键环节。

课程评价一般通过对课程目标、课程内容、课程实施过程、课程实施效果四个方面进行评价,指向学习者学习结果和发展状况的测量与评价。在评价类型上根据不同的分类标准可以分成量化评价和质化评价、形成性评价和总结性评价,常用的评价方法有资料分析法、观察法、测试法、成长档案袋法和访谈法等。例如,有研究者将观察婴幼儿在托育机构一日生活中出现微笑的次数作为评价托育机构服务质量的一项指标。

知识拓展

你知道"泰勒原理"吗?

拉尔夫·泰勒是美国著名的教育学家、课程理论家,被称为"课程评价之父"。泰勒认为,如果我们要从事课程编制活动的话,就必须回答这些问题:学校应该达到哪些教育目标? 提供哪些教育经验才能实现这些目标？怎样才能有效地组织这些教育经验？我们怎样才能确定这些目标正在得到实现？这一原理被学术界誉为"西方现代课程理论的基石"。

"泰勒原理"是课程研究中的经典范式，瑞典学者胡森评论"泰勒原理"时说：不管人们是否赞同"泰勒原理"，不管人们持什么样的哲学观点，如果不探讨泰勒提出的四个基本问题，就不可能全面探讨课程问题。

二、课程的内涵与特点

（一）托育机构课程的内涵

参照当前对幼儿园课程的相关研究，同时根据《托育机构保育指导大纲（试行）》等相关文件要求，结合婴幼儿身心全面发展需求，我们可以从三个方面来认识托育机构课程。

1. 托育机构课程是活动

《3～6岁儿童学习与发展指南》指出，幼儿的学习是以直接经验为基础，在游戏和日常生活中进行。3岁以下婴幼儿学习亦如此。首先，直接经验和间接经验是个体获取知识、认识世界的两条途径，也是知识结构的两个部分，个体对自己、对世界的认识整体上都起源于直接经验，从根本上说，实践是认识的唯一来源。在活动中，婴幼儿与同伴、与环境之间进行互动，获得了关于自我、关于他人、关于客观世界的经验，逐渐建构起对世界的认知体系，也使其发展从可能性变为现实性。其次，将托育机构的课程理解为活动，因为托育人员可以在活动中观察婴幼儿的行为表现、兴趣爱好，进而了解婴幼儿的现有发展水平，再通过环境创设、材料提供、活动组织、游戏设计等为婴幼儿提供适宜性的早期学习环境，不断丰富、巩固、提升婴幼儿的直接经验与感性认识，从而达到促进婴幼儿早期发展的目的。最后，将托育机构课程理解为活动是为了强调婴幼儿与托育机构环境之间的相互作用性，与3～6岁幼儿园阶段课程有所不同的是，由于婴幼儿年龄更小、认知水平有限，托育机构课程的动态性更加明显，只有让婴幼儿获得了适宜经验的活动才是课程。下列案例是某托育机构的一周课程活动安排表，婴幼儿在托育机构中的每一个活动环节中都能获得不同的直接经验，托育人员也可以从每一个活动环节中了解到婴幼儿的发展情况，因此，托育机构课程是以活动、动态的形式体现的。

📎 案例链接

某托育机构一周课程活动安排表（12.5—12.9）

时间	周一	周二	周三	周四	周五
8:30—10:30	晨间接待、自由活动、蒙氏工作时间				
10:30—11:00	主题课	体能课	主题课	音乐课	主题课
11:30—12:10	午餐时间				
12:10—12:30	睡前休息活动				
12:30—15:00	午睡时间				
15:00—15:30	起床和点心时间				
15:20—15:50	社会活动	手工活动	音乐课	体能课	绘本剧
15:50—16:00	离园准备				

2. 托育机构课程是托育机构所有活动的总和

在理解托育机构课程是活动的基础上,我们需要从促进婴幼儿早期学习发展的视角去认识课程,从知识的分类去重新审视婴幼儿教育。以幼儿园阶段教育为例,由于我们将知识分为保育知识和教育知识,是将幼儿教育工作分成保育工作和教育工作,某种意义上,我国当前幼儿园存在的保教分离现象一定程度上源于我们人为地将知识和保教工作进行了分类、分工。因此,我们在认识托育机构课程时必须树立"一日活动皆课程"的理念,在托育机构中的所有活动都属于课程,既包括集体活动也包括个别活动,既有计划之中的显性活动,也有意料之外的隐性活动。简言之,从婴幼儿早晨入园起到傍晚离园这一日在托育机构的所有活动都是课程。

3. 托育机构课程的核心是直接经验

托育机构课程的核心是直接经验。经验与实践有关,只有通过亲身实践才能获得真正的经验,但也不能否认间接经验学习的重要性,因为由于个体实践总是有限的,一切事物都依赖于直接经验是不可能的,接受间接经验的学习是非常必要的。然而,对婴幼儿而言,间接经验的学习是难以理解和接受的,哪怕是一些人们早就习以为常的生活经验和基础知识,正如毛主席所说,"想要知道梨子的滋味,就要亲口尝一尝"。

托育机构一日活动的各个环节都能让婴幼儿获得经验,但不表明经验的学习或活动的设计是杂乱无章的,相反的是,在托育机构中婴幼儿的经验活动应该是经过筛选的、有价值且有指向性的,既要符合婴幼儿现有的经验水平,又要为其进一步的发展提供帮助。

(二) 托育机构课程的特点

由于婴幼儿年龄小,无论是生活经验还是认知水平都处于起步阶段,因此,相较幼儿园课程,托育机构课程有其特殊性。托育机构课程的特点可以归纳为生活性、游戏性、生成性和整体性。

1. 托育机构课程的生活性

对婴幼儿而言,最有效也是最适宜的学习内容就是来源于周围的现实生活,托育机构的课程越接近生活,便越能引起婴幼儿的兴趣。与婴幼儿相关的托育机构一日生活、社会生活、游戏等都是重要的课程资源,我们要善于从婴幼儿的生活出发,利用婴幼儿熟悉的环境,让婴幼儿在生活中学习、实践、发展,让婴幼儿有充分的自由去选择、探索,引导婴幼儿在生活中去主动学习。换言之,婴幼儿的认知水平、认知特点在一定程度上决定了托育机构课程的生活性特点。

2. 托育机构课程的游戏性

游戏是婴幼儿学习最主要的方式,托育机构课程必然离不开游戏。我国著名幼儿教育家陈鹤琴先生说过,游戏是儿童的心理特征,游戏是儿童的工作,游戏是儿童的生命,从某种意义上说,幼儿的各种能力都是在游戏中获得的。尽管游戏是婴幼儿最喜闻乐见的形式,但并不是说把托育机构的一日生活都设计成游戏,而是在保障婴幼儿自由游戏活动时间、空间的同时,把游戏的精神渗透到一日生活各环节中,包括个别活动、小组活动和集体活动。实际上,托育机构课程的游戏性追求的是让婴幼儿的活动更加适合其年龄特点和认知水平,让活动变得更加有趣、生动,从而能够吸引婴幼儿专注地投入各个活动中,获得更多的新经验、新知识、新技能。

3. 托育机构课程的生成性

托育机构课程既不是托育人员事先预设好的、执行既定活动计划的课程,也不是让婴幼儿无目的地自由探索,而是基于婴幼儿兴趣和需要的不断调整活动,进而引导婴幼儿更加专注地投入活动,从而获得活动经验的动态发展过程。由于托育机构的活动组织过程容易受到婴幼儿的情绪状态、认知水平、兴趣爱好等因素的影响,特别是在托小班中,课程实施的过程往往很难按照既定的活动设计进行,因此,课程的设计与实施过程必须具有弹性,要求托育人员根据婴幼儿在活动中的表现灵活地进行调整。当然,这对托育人员而言无疑是一个相当大的挑战。

对托育人员而言,按照既定的活动计划进行实施,既有利于提升课程的活动效率,又易于把控,但真正高质量的托育机构课程设计与实施还需实现从"教"到"学"的观念转变,不能只站在成人的立场去考虑"教什么"给婴幼儿,而是要为婴幼儿的早期学习提供一个有准备的支持环境,让婴幼儿根据自己的内部需要去探索、体验、获得属于自己的经验,真正成为课程的主体。尽管生成课程对托育人员而言是一个挑战,对专业素养、教育智慧要求较高,但也有利于激发托育人员的激情,促进其专业成长。

4. 托育机构课程的整体性

婴幼儿是一个不断成长发展的生命体、整合体,是主观与客观、心理与生理的统一体。婴幼儿的发展是整体的发展,是全面和谐的发展,不是单一的、局部的发展。托育机构课程的整体性体现了培养"完整儿童"的儿童观,托育机构课程也必然包含婴幼儿身心发展的全部要素,各要素之间相互支持、相互作用。

托育机构课程的整体性需要面向全体婴幼儿,包括正常发展婴幼儿和有特殊需要的婴幼儿,使他们在动作、语言、情感与社会性等各方面得到全面发展。与此同时,还要充分关注到婴幼儿发展的个体差异性,促进婴幼儿的个性发展和性格养成。

三、课程的设计与开发

课程设计是课程开发的前期工作,课程开发包括课程目标、课程内容、课程实施和课程评价4个环节,而课程设计是对课程目标、课程内容的设计。托育机构课程设计与开发可以是托育机构的课程体系从无到有的建立过程,也可以是对现有课程体系不断完善改进的过程,还可以是借鉴其他托育机构成熟课程经验的过程,但无论哪一种情况,都需要解决课程目标和课程内容的设计问题。

(一)托育机构课程设计

课程设计一般围绕课程目标、课程内容两个核心内容展开,是一个有目的、有计划、有结构地产生课程计划、课程标准以及课程内容的系统化活动。常见的有三种课程设计模式,即以学科为中心、以学习者为中心、以问题解决为中心,结合婴幼儿身心发展需求,以学习者为中心的课程设计模式更适用于托育机构。课程设计主要包括以下4个流程。

1. 明确课程目标

尽管《托育机构保育指导大纲(试行)》中对营养与喂养、睡眠、生活与卫生习惯、动作、语言等方面的目标、保育要点都进行了规定,有了大致的方向,但具体到托育机构还不够细化,需要在此基础上进行细化。要结合托育机构的具体情况进行分析,具体包括托小班、托中班、托大班在动作、语言、认知发展等各方面的具体要求,要尽可能具体,目标越具体越便于选择课程内容与课程实施方法。

2. 选择课程内容

课程目标一旦确定后就需要解决选择哪些课程内容的问题,课程内容的选择要结合托育机构课程的内涵与特点,尤其是婴幼儿早期学习的方式与特点。具体实践过程中则还需要考虑课程内容的可操作性与可行性,是否符合托育机构的实际情况、能否落地等问题。

3. 确定课程内容编制形式

课程内容的编制则是根据课程目标对课程内容进行合理组织的过程,结合幼儿园课程编制,托育机构的课程内容一般有三种编制形式。

第一种是领域活动课程,就是将托育机构课程分为动作、语言、认知、情感与社会等不同的领域,以领域为单位组织和实施的婴幼儿教育活动课程。领域活动课程是以简单、初步的概念,反映婴幼儿的对象世界,形成一种较为系统化的"前学科"知识体系,从而帮助婴幼儿在已有水平上进一步学习与发展。

第二种是主题活动课程,也叫单元主题活动,是将婴幼儿的游戏、学习、生活、经验等知识进行有机整合,但不是简单地做加法,而是以婴幼儿熟悉的生活经验为中心话题,以游戏和活动为基本形式开展相互关联的学习活动,帮助婴幼儿获得整体化、综合化的新经验。一般来说,主题活动课程的主题选择可以是托育人员事先预设好的,也可以是临时生成的,学习、探索的主题或事件都应是婴幼儿感兴趣的、想探索的。主题活动的主题来源主要包括婴幼儿生活中的事件、婴幼儿共同感兴趣的话题、环境变化、重大节日、领域知识等,然后在此基础上罗列相关内容,最终形成主题活动网络。如下面案例中的主题活动"动物狂想曲",就是以婴幼儿熟悉的动物作为主题,设计出了"我喜欢的动物""动物变变变""动物的秘密""呼噜呼噜"四个子活动主题,再根据子活动主题设计出具体的活动和区域活动。

📋 **案例链接**

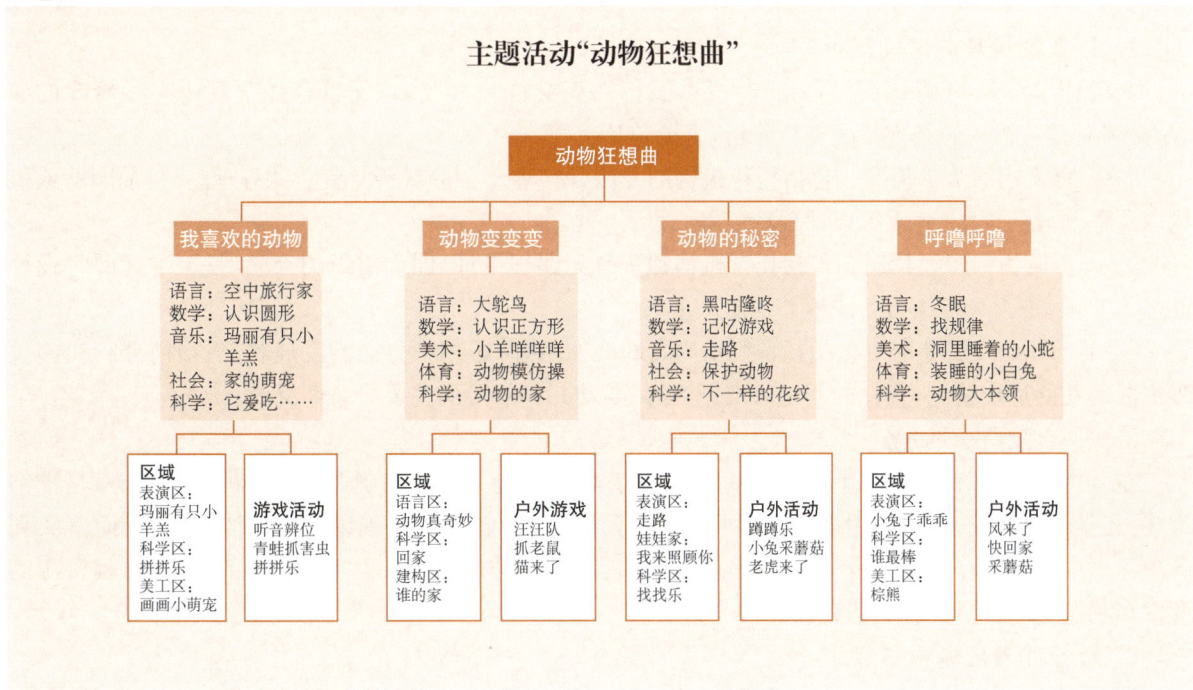

主题活动"动物狂想曲"

```
                          动物狂想曲

    我喜欢的动物          动物变变变          动物的秘密          呼噜呼噜

  语言:空中旅行家      语言:大鸵鸟        语言:黑咕隆咚      语言:冬眠
  数学:认识圆形        数学:认识正方形    数学:记忆游戏      数学:找规律
  音乐:玛丽有只小      美术:小羊咩咩      音乐:走路          美术:洞里睡着的小蛇
       羊羔            体育:动物模仿操    社会:保护动物      体育:装睡的小白兔
  社会:家的萌宠        科学:动物的家      科学:不一样的花纹  科学:动物大本领
  科学:它爱吃……
```

区域	游戏活动	区域	户外游戏	区域	户外活动	区域	户外活动
表演区:玛丽有只小羊羔　科学区:拼拼乐　美工区:画画小萌宠	听音辨位　青蛙抓害虫　拼拼乐	语言区:动物真奇妙　科学区:回家　建构区:谁的家	汪汪队　抓老鼠　猫来了	表演区:走路　娃娃家:我来照顾你　科学区:找找乐	蹲蹲乐　小兔采蘑菇　老虎来了	表演区:小兔子乖乖　科学区:谁最棒　美工区:棕熊	风来了　快回家　采蘑菇

第三种是区域活动,也称区角活动,指的是托育机构课程设计中要给予婴幼儿游戏、活动的时间和空间,虽然不需要有系统的设计,但对领域活动课程、主题活动课程的实施与开展具有一定的支持作用。尽管目前托育机构中尚未明确要求进行区域活动设计,但婴幼儿自由活动的时间和空间是必不可少的,更不能杂乱无章、完全自由地玩耍。因此,以区域为单位或主题或领域投放相应的材料让婴幼儿自由去探索就显得尤为重要。托育机构中常见的区域包括阅读区、科探区、运动区、表演区等(见图4-2-1和图4-2-2)。

图4-2-1　阅读区

图4-2-2　表演区

4. 选择课程评价方式

课程评价要确定评价婴幼儿学习效果的方式,即了解课程实施是否有效,实现课程目标的程度如何。一般由学习者评价、家长评价、教师评价、专家或上级主管部门评价几部分组成,但由于婴幼儿年龄小,语言表达能力也有限,因此,课程效果的评价是当前托育机构课程设计与开发中的一大难点。

(二)托育机构课程的开发

课程开发包括课程目标、课程内容、课程实施和课程评价 4 个环节,但具体到实践过程,一般包括 8 个步骤。

1. 托育机构基本情况剖析

为设计出符合《托育机构保育指导大纲(试行)》等文件精神要求,又符合托育机构实际情况的课程,必须对托育机构的基本情况进行分析,主要包括:

① 托育机构的基本情况。包括托育机构的办园(所)理念、办园(所)特色、课程理念,目前园所或机构内课程开设的现状,有无形成课程特色等。

② 师资队伍的建设情况。包括托育机构师资有无课程设计、课程组织的经验,是否掌握课程设计的基本知识,是否具备执行新课程计划的水平等。

③ 婴幼儿的发展情况。包括托育机构内婴幼儿在生理、心理各方面的发展状况;当前课程实施过程中婴幼儿的适应情况,存在的问题以及原因等;婴幼儿年龄段的主要分布情况等。

2. 明确课程设计任务

在分析、掌握托育机构基本情况的基础上,托育机构负责人需要明确课程设计的中心任务,是推倒重建,还是继续完善,还是引用成熟课程经验,要经过层层分解明确课程设计的具体任务,从而落实到各项计划中去。具体包括课程目标的制定、课程内容的选择与组织、课程实施途径的选择、课程资源的开发和利用、课程计划的制订与实施等。

3. 选择并确定课程内容

课程设计的最终目标是实现课程目标,而要实现课程目标的重要载体则是选择适合的课程内容。在《托育机构保育指导大纲(试行)》中只规定了精细动作、粗大动作、语言、认知、情感与社会性五个方面的发展目标,因此,托育机构课程内容必须围绕这些目标的实现去选择。结合托育机构课程的内涵与特点进行选择,选择那些符合托育机构实际,科学性、趣味性、生活化相统一的内容或主题,并加以改造、创新、编制,充分挖掘其中的教育价值,进而确定为课程内容。

4. 确定课程实施时间

3~6 岁幼儿园阶段的工作时间一般由教育行政部门确定,幼儿园根据上级主管部门要求灵活执行即可。托育机构则有很大不同,机构类型、服务类型多种多样,有市场化托育机构、社区托育机构、早托一体化机构(早教机构开设托班)、托幼一体化机构(幼儿园开设托班)等不同类型,在服务类型上又分为全日托、半日托、计时托等。因此,托育机构课程实施时间要根据托育机构实际情况特别是根据入托婴幼儿的情况来制定,统筹考虑和安排各类教育活动,使各类教育活动在学期活动、月活动、周活动、一日活动中得到具体的实施。

5. 拟定初步课程计划

在全面掌握托育机构基本信息、婴幼儿情况以及课程设计相关的基础信息基础上,拟定出初步的课程计划或方案,提出课程设计的基本构想或框架。可以采用图、表、文相结合的方式简明扼要地表达出未来一段时期内所要完成的课程任务。一般而言,一份优质的课程计划要做到目标明确、任务具体、要求具体、条理清楚、重点突出、分工明确、任务到人,方便对照检查。

6. 征求修改意见

托育机构课程计划拟定完成后,要征询修改意见,包括本托育机构其他的管理人员、同行师资、上级主管部门人员、行业专家、高校课程设计专家、婴幼儿家长等,如果是引用其他托育机构成熟的课程则还需要征询该课程设计者的意见。总之，托育机构要多次进行广泛的意见征询，为课程的设计与改进提供较为全面的信息。

7. 调整、优化课程计划

征求修改意见阶段结束后，要结合托育机构实际情况以及国家卫健委对托育机构管理等方面的政策进行梳理，选择有利于课程计划或方案改进的合理意见进行调整、优化，提高课程设计的科学性、合理性以及可操作性。课程计划要通过托育机构管理层的审核、同意，然后严格按照课程计划执行，作为托育机构课程实施与管理的指南。

8. 追踪、反馈、再优化

课程设计的过程本身就是一个动态的、不断调整优化的过程，一个成熟的课程体系一定是经历了多轮次的实践、优化，托育机构课程设计亦是如此。由于课程计划是静态的，在托育机构各班级的具体实施过程中肯定会遇到一些新问题、新状况，要对课程实施的过程进行追踪，不断收集托育机构师资实施中的意见反馈、家长的意见建议等，能及时调整的就及时调整，不能及时调整的要将问题记录完整，为下一步课程计划的优化提供信息。

以上就是托育机构课程设计与开发的一般过程，由于托育机构的课程实施暂无国家统一层面的具体指导意见，因此，很可能会遇到一些挑战，要做好及时调整、修订的准备。总之，托育机构课程设计与开发过程一般要经历制订、实施、评价、改进的过程，在一轮又一轮的不断调整、完善中提升课程质量，也只有这样，才能使托育机构课程更加符合婴幼儿身心发展的需要，真正为婴幼儿的早期综合发展提供机会。

第三节 托育机构家园共育

案例导入

琦琦老师是某托育机构的保育师，在每日的工作中，她都是尽心尽力做好本职工作，专业能力较强，能根据婴幼儿的年龄特点做好每阶段的学习计划。但是最近发生的一件事情让她对家园合作产生了困惑：前段时间，班里2周岁的优优在吃饭时突然吐了，琦琦忙于处理现场和安抚优优的情绪，结果忘记跟家长反馈孩子在园的情况，导致家长不高兴，对保育师产生信任危机。琦琦老师认为作为保育师确实要提高个人家园合作的能力，那么家园合作有什么作用呢？托育机构和家长在家园合作的过程中应该如何做？

一、家园共育的概念及背景

近年来，随着经济发展和女性就业比例的逐渐增加，越来越多的家庭将孩子送入托育机构。在这样的背景下，托育机构与家庭之间的协作变得越来越重要，家园共育的概念因此而出现。具体而言，托育机构家园共育可以理解为托育机构与家庭双方在育儿过程中形成合作关系，共同承担责任，促进婴幼儿的全面发展。托育机构家园共育的目的是实现家庭与托育机构之间的联系和协作，使得婴幼儿在家庭和托育机构的环境中都得到全面而有效的发展。家长与托育机构,通过沟通交流、支持合作、资源共享,共同实施婴幼儿的教育与保育,既为婴幼儿的健康快乐成长营造良好的教育环境,也能促进婴幼儿、家长和教师三个群体的共同成长。对于托育机构来说,既需要给予婴幼儿回应性、家园一致性的养育照护,又需要联合家长共同实施早期发展的支持与促进,因此做好家园共育工作尤为关键。

托育机构家园共育的背景是现代家庭结构的变化和婴幼儿托育需求的增加。随着经济发展和城镇化程度的提高,越来越多的家庭都处于双职工状态,对于婴幼儿的生活照护和早期支持,分身乏术。托育机构的出现能够有效地解决这些家庭的问题,让父母得以更好地兼顾工作和家庭,同时婴幼儿也能够在更好的环境下成长。然而,传统的托育机构教育主要依靠教师的指导,缺少家庭因素的参与。因此,托育机构家园共育的概念应运而生,旨在提高托育服务的质量,提高婴幼儿早期教育的有效性。

托育机构家园共育不仅可以有效地解决家庭照顾问题,同时也能够打破传统的教育模式,使得家长和教师在育儿过程中平等参与。在托育机构家园共育的模式下,托育机构和家庭各自发挥优势,共同育儿。托育机构可以为婴幼儿提供专业化照护和早期促进服务,同时家庭也要积极参与,包括与托育机构和婴幼儿互动、开展共同活动等。通过这种合作,可以建立家园共育的合作模式,使得婴幼儿在更全面、更有意义的环境中生长,家园共育无论是对家庭还是托育机构都有极其重要的作用,具体表现在以下 3 个方面。

1. 提高婴幼儿的综合素质

如今的社会竞争越来越激烈,父母们普遍认为托育机构的教育可以提高孩子的综合素质和能力,使其更好地适应未来的社会竞争。因此,托育机构需要根据婴幼儿的年龄和成长阶段制订科学合理的教育计划,促进其身心健康、培养其兴趣和爱好等,从而提高综合素质和能力。

2. 缓解父母焦虑

随着父母工作压力的增大和家庭结构的变化,越来越多的父母感到焦虑和束手无策。由于托育机构在照顾和教育婴幼儿方面有着很高的专业性和丰富的经验,家长可以把孩子交给托育机构,缓解他们的焦虑和疲倦,为自己创造更多工作和生活上的时间。

3. 实现家庭、托育机构的良性互动

托育机构家园共育理念的提出,强化了家庭和托育机构的联系。托育机构与家长的沟通,有利于了解家长和孩子的需求和意见,在家庭教育方案和具体教育实践中充分考虑家庭特征,实现家庭、托育机构的良性互动,为婴幼儿的成长提供更优良的教育环境。

二、家园共育的理论支撑

家园共育是指家庭与学校双方共同承担育人责任的教育模式。其理论基础主要包括以下方面:

美国学者布朗芬·布伦纳的生物生态学理论认为,儿童的发展受到与其有直接或间接联系的生态环境的制约,这种生态环境由若干个相互镶嵌在一起的系统所组成,表现为一系列的同心圆。对于婴幼儿来说,微观系统(microsystem)是指其生活的场所及其周边环境,如家庭、托育机构和社区;中间系统(mesosystem)是指处于微观系统中的两个事物(如托育机构与家庭、托育机构与社区、家庭与社区)之间的关系或联系。婴幼儿的发展过程是其不断扩展对生态环境认知的过程,从家庭到托育机构、再到社会,是整个生态体系发挥功能、相互作用的结果。

陈鹤琴先生在中西方文化融合以及自身实践的基础上,建构了中国化家园共育的思想。"幼儿教育是一种很复杂的事情,不是家庭一方面可以单独胜任,也不是园所一方面可以单独胜任的,必定要共同合作才能得到充分的功效"。他认为,教育是一项系统性工程,其中包含了家庭教育、社会教育和集体教育(托幼机构、学校),三者相互关联并有机结合,相互影响、相互作用、相互制约,其中家庭教育是一切教育的基础。在 0～3 岁阶段,一日生活皆教育,托育机构和家庭、教师和家长是更为密切的育儿合作伙伴。

三、家园共育的政策引导

2019年5月,国务院办公厅出台《关于促进3岁以下婴幼儿照护服务发展的指导意见》,其中第一条基本原则是"家庭为主,托育补充",明确"家庭对婴幼儿照护负主体责任。发展婴幼儿照护服务的重点是为家庭提供科学养育指导"。国家卫生健康委员会出台的《托育机构管理规范(试行)》中第十三条,要求"托育机构应当建立与家长联系的制度,定期召开家长会议,接待来访和咨询,帮助家长了解保育照护内容和方法。……应当成立家长委员会,事关婴幼儿的重要事项,应当听取家长委员会的意见和建议。……应当建立家长开放日制度"。在《托育机构保育指导大纲(试行)》第三部分实施与评价中,明确"托育机构应与家庭、社区密切合作,充分整合各方资源参与托育机构保育工作,向家庭、社区宣传科学的育儿理念和方法,提供照护支持和指导服务,帮助家庭增强科学育儿能力"。在国家发展和改革委员会、国家卫生健康委员会《支持社会力量发展普惠托育服务专项行动实施方案(试行)》政策文件中,主要面向两类机构进行专项扶持,一类是承担一定指导功能的示范性托育服务机构,一类是社区托育服务设施,均提出了需要面向家庭实施养育指导的要求。所以,无论是具体工作规定,还是扶持政策导向,都对托育机构实施家园共育工作提出了明确要求。

我国托育服务行业的发展自2019年起真正开始起步并规范发展。近年来,随着托育服务相关政策不断规范,家庭照护需求不断增长,托育机构数量逐年增加。截至2020年10月底,已有5 167家托育机构在国家卫生健康委员会托育机构备案系统进行了登记备案。对比来看,2019年全国幼儿园数量有28万余所,毛入园率已基本达到85%的水平,这是托育服务供给和学前教育供给之间数量上的差距。另有家长观念与意识上的差异。幼儿园是必需品,在家长意识中是必须要上的学校,因此实施家园共育工作的重点是获得家长在教育过程中的支持与合作,家园共育的内容偏重教育指导、兼顾生活习惯养成,园长或教师在家园共育过程中一般占据主导、专业、权威的角色。而托育机构与幼儿园不同,托育对于一部分确有困难的家庭来说是刚需,例如父母是双职工、家里无人带养等,但这类家庭的比重不大。大多数有适龄宝宝的家庭,其入托需求以潜在需求为主,也就是说有入托意愿,但有些家庭并没有经济能力来承担托费,有些家长没有理解托育的价值或担忧托育机构的服务质量,因此常常会犹豫观望或直接选择忍耐到上幼儿园。即便是入托后,分离焦虑、容易生病等问题会导致家长未必能坚持每天送托,托育机构的养育照护方法如果得不到家长的认同,更会产生直接退费、影响声誉的不良后果。对托育机构来说,最重要的两项工作就是招生和提供保教服务,而这两项工作都与家园共育密切相关。通过主动宣传体现专业,通过沟通交流获得认同与支持,通过科学育儿指导解决个性问题,通过家长反馈帮助园所改善经营、提升保教质量,最终都会反映到托育机构的经营回报和家长口碑上来。

四、家园共育的工作内容

(一) 托育机构的工作内容

家园共育工作如此重要,但真正实施起来具有一定的难度,因此在家园共育工作中,托育机构要做好充足的准备。

1. 建立健全的家园共育制度

为了实现家庭与托育机构之间的良好互动,托育机构应该建立健全的家园共育制度。这包括制订家庭教育方案,并确保家长能够理解和执行,加强家长们对于托育机构中教师工作和学生日常生活的了解,也可以组织家长参与一些园区内的活动,让家长融入其中,感受到氛围温馨亲切、与托育机构间关系稳固。

2. 提供较高的托育服务质量

作为托育机构，为了满足家庭对于托育服务的需求，需要提高照护服务的质量。这包括科学规范的教育计划、优秀的教育团队、安全干净的环境设施，以及紧密的家园联系，同时，托育机构还应该定期向家长们提供婴幼儿的学习和生活情况，以帮助家长及时了解孩子的情况和需求。

3. 与家长建立良好的沟通渠道

为了实现托育机构与家庭之间的良好互动，托育机构需要建立良好的沟通渠道。这包括组织家长会议，交流孩子在托育机构中的情况，组织亲子活动，促进家庭教育和托育机构工作内容的协调等。还可以采用电子邮件、教育 APP 等现代化的沟通方式，让家长及时了解孩子在托育机构的学习和生活情况，也方便家长与教师的交流和互动。

4. 关注孩子的个别差异

每一个婴幼儿都是独特的个体，托育机构需要关注每一个婴幼儿，为每个孩子提供量身定制的照顾和教育服务。在教育过程中，托育机构保育师应该能发现婴幼儿的潜能和优势，结合其基本特征和家庭环境，制订个性化的学习方案，不断激发婴幼儿内在积极性和创造力，目的是让每一个孩子都达到自己的最佳状态。

（二）婴幼儿家庭的工作内容

家园共育的工作不仅需要托育机构做出相应的努力，家长也需要做好相应的配合，主动参与到婴幼儿的早期教育和照护服务中。

1. 积极参与托育机构的保教活动

托育机构举办的活动不仅能提供给婴幼儿丰富的学习资源，还可以增加家庭和托育机构的交流和合作。家长可以参加不同主题的家长会议、教育讲座、亲子活动以及家园互动等活动。这些活动使家长能够进一步了解托育机构的育儿理念，了解孩子在托育机构的生活表现和发展情况。同时，家长也可以与托育机构的保育师和其他家长共同探讨教育问题，分享育儿经验。

2. 提供良好的家庭育儿环境

在托育机构里，婴幼儿的生活起居和饮食都会按照托育机构的安排，但是，家庭对孩子的生活环境和饮食保障同样不可忽视。例如，家长需要精心设计孩子的饮食方案，参考托育机构的饮食标准和建议，以保证孩子的身体健康和营养摄入。

3. 为孩子提供良好的情感支持

由于生活环境的改变，部分婴幼儿可能会出现分离焦虑，情绪受到一定的影响。家长要抽出时间陪伴孩子，学会倾听、鼓励，支持孩子，让其在情感上得到家庭的呵护和关爱，增强自信和独立性，帮助孩子在托育机构中快乐成长。

在家园共育的过程中，家庭和托育机构的合作是至关重要的。家长在此过程中，需要积极参与托育机构的教育活动，关注孩子的学习和生活，提供良好的生活环境和食物，为孩子提供良好的情感支持，从而与托育机构一同为婴幼儿成长提供有价值的支持和帮助。

五、家园共育的国际展望

（一）重视文化因素

托育机构家园共育需要特别重视文化因素，尤其是对于多元文化的社区，需要更多地了解和尊重不同文化背景的家庭和孩子，以避免文化差异带来的误解和冲突，同时在托育服务中更好地为当地的多元群体服务。在加拿大温哥华,一些托育机构就推出了"文化天使"项目,邀请家长来分享自己的文化和语言,不仅让孩子更好地了解自己的文化,也让家庭之间产生了更多的沟通和了解。

（二）提供咨询及教育支持

托育机构家园共育还需要更多地提供咨询及教育支持,帮助家庭更好地理解和应对孩子的行为、思考和情感需求。在瑞典,一个名为"家中游戏"的项目,为本地托育机构家庭提供了一系列咨询和支持服务,例如为家庭提供社会和情感支持、家长课程、儿童心理学等优质服务,有效改善了家长的信心和实践能力。

（三）依托社区资源

托育机构家园共育的实施还需要依托社区资源,发挥社区的力量,加强各方面的协作和互动,共同促进儿童的发展。在荷兰阿姆斯特丹,当地政府提供一系列资源和支持,促成了家庭和托育机构之间的紧密合作,帮助家庭和托育机构更好地联系和分享信息,也为社区提供了这一服务。

（四）合理规范运营

托育机构家园共育在运营过程中也需要合理规范。合理规范可以落实有效的托育标准,提高托育质量,保障家庭和孩子的权益和安全。有些国家如德国等就建立了机构的标准,规范了机构的运营,并进行定期视察。同时,加大对家庭和孩子的宣传力度,提高家庭和孩子的认识和规范自我管理的能力。在新加坡,当地政府就为家庭和托育机构提供了大量的借鉴资料和培训,同时推广了多种规范操作和有效管理方式,提高了家庭和托育机构的管理水平。

（五）儿童保护

托育机构家园共育需要强调对婴幼儿的保护。家庭和托育机构的合作应当关注婴幼儿的安全,应当通过保护婴幼儿和进行安全教育,为其身体和心理上的安全提供保障。在澳大利亚,政府投资的"早期预算投资计划"就致力于落实婴幼儿的保护权益,保障婴幼儿的健康成长。

托育机构家园共育模式是未来托育服务的主要趋势和发展方向,哈佛大学早期教育研究中心也呼吁家园共育应该成为托育服务的全部内容。因此,需要重视其优势和基础,合理利用社区资源,强化文化因素、开展咨询及教育支持、合理规范运营和儿童保护。以上国际经验可供借鉴,并应根据实际情况进行灵活运用,不断完善家园共育的模式和机制。

单元小结

保育活动是托育机构工作中的核心内容,包括生活照护、健康卫生照护、早期学习支持等,托育机构一日生活流程的安排也是以此为核心展开。托育机构课程设计与开发的目标是为婴幼儿早期学习提供支持与机会,托育机构课程的设计必须立足于婴幼儿的身心发展特点与规律。家园共育是托育机构工作中的重要内容之一,对家庭还是托育机构都有非常重要的作用。

思考与练习

在线练习

一、单项选择题

1. 下列哪一项不属于托育机构生活活动的指导原则?（　　　）

　A. 差异性原则　　　　　B. 个性化原则　　　　　C. 经济性原则　　　　　D. 适宜性原则

2. 婴幼儿睡眠照护要点包括(　　)。
　　A. 营造合适的睡眠环境　　　　　　　　　B. 控制白天的睡眠时间
　　C. 有序巡视定睡眠　　　　　　　　　　　D. 以上都是
3. 托育机构早期教育活动组织的首要原则是(　　)。
　　A. 安全原则　　　　B. 适宜性原则　　　　C. 趣味性原则　　　　D. 游戏性原则
4. 下列哪一项不属于托育机构保育活动的内容?(　　)
　　A. 生活照护　　　　B. 健康卫生照护　　　　C. 早期学习支持　　　　D. 环境创设

二、判断题

1. 家园共育的工作不仅需要托育机构做出相应的努力,家长也还需要做好相应的配合。　　　　(　　)
2. 托育机构以提供保育为主,早期学习活动不是必选项,可根据托育机构自身情况灵活选择。
　　　　　　　　　　　　　　　　　　　　　　　　　　　　　　　　　　　　　　(　　)
3. 托育机构婴幼儿睡眠照护的关键是掌握哄睡的方法。　　　　　　　　　　　　　(　　)
4. 托育机构中婴幼儿年龄太小,穿脱衣服的技能不需要学习。　　　　　　　　　　(　　)

三、简答题

1. 托育机构保育活动实施原则有哪些?
2. 托育机构动作游戏活动的组织实施要点有哪些?

四、实训任务

　　睡眠对于婴幼儿的身心健康和发展具有极为重要的影响,但不同年龄段婴幼儿睡眠的时间、规律有所不同,因此,托育机构不同年龄班的睡眠制度有所不同。请根据婴幼儿睡眠的规律与特点,制定一个乳儿班的睡眠照护制度。

第五单元
托育机构健康照护管理

单元导读

　　本单元主要介绍托育机构中为维持和促进婴幼儿健康而开展的管理工作,包括卫生保健、营养与膳食及健康教育的管理,通过对工作内容、实施过程及评价进行详细的介绍,引导托育机构管理人员认识到婴幼儿健康方面的特殊性和健康照护管理的重要性。

学习目标

知识目标

1. 了解托育机构卫生保健工作的主要内容。
2. 掌握正常婴幼儿能量及营养素的需求。
3. 掌握不同年龄婴幼儿健康教育的主要内容。

能力目标

1. 能够根据婴幼儿特点及卫生保健工作要求,对托育机构卫生保健工作进行科学、有效的管理与评价。
2. 能够根据婴幼儿营养和喂养特点,对托育机构婴幼儿的营养和膳食进行科学、有效的管理与评价。
3. 能够根据婴幼儿年龄及常见病、传染病的特点,组织托育机构工作人员开展合理、科学、规范的健康教育。

思政目标

1. 能够认识到婴幼儿的健康特点及托育机构健康照护管理的重要意义。
2. 能够严格按照规范性文件,规范实施托育机构健康照护管理。

内容结构

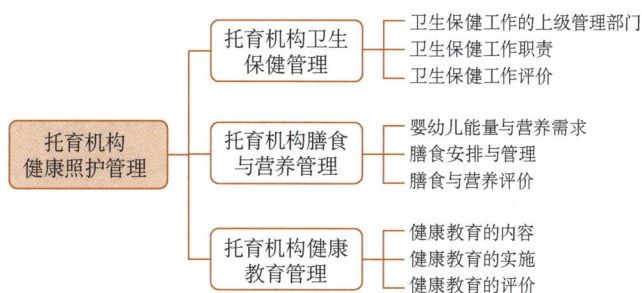

第一节　托育机构卫生保健管理

案例导入

天天托育机构开张快一年了,机构负责人张老师收到通知马上要迎接当地卫健委组织的卫生保健工作检查。张老师马上召集托育机构的工作人员开会,希望大家重视开园后的第一次检查,在检查前做好各岗位相关工作的梳理,发现问题及时纠正。如果你是托育机构的卫生保健工作人员,请问要从哪些方面入手整改? 卫生保健工作的标准有哪些?

婴幼儿是机体免疫力最不成熟的群体,此阶段婴幼儿常见疾病、传染病和意外伤害发生的概率较高,一旦发生疾病或伤害,患儿病情进展快、症状重,常导致严重的后果。托育机构要保障在园(所)婴幼儿的健康和安全,预防疾病和伤害的发生,必须有完备的卫生保健管理制度,聘请专业的卫生保健工作人员,明确托育机构卫生保健工作的内容、任务和目标,有重点地实施卫生保健计划。

一、卫生保健工作的上级管理部门

托育机构卫生保健工作接受所在辖区卫生行政部门的管理,由所在辖区的妇幼保健机构进行具体业务指导和监督评价。

(一) 卫生行政部门

1994 年 12 月,国家卫生部与国家教育委员会联合颁发《托儿所幼儿园卫生保健管理方法》中就对托育机构卫生保健的管理部门作出明确规定,第三条指出,国务院卫生行政部门主管全国托儿所卫生保健工作,指导全国幼儿园卫生保健管理工作。地方各级人民政府卫生行政部门主管辖区内托儿所、指导辖区内幼儿园的卫生保健管理工作。第四条则规定,各级教育行政部门协助卫生行政部门检查、指导幼儿园的卫生保健工作。按照《托儿所幼儿园卫生保健管理方法》及 2011 年 11 月开始实施的《托儿所幼儿园卫生保健管理办法》规定,目前各级人民政府卫生健康委员会均设有妇幼保健职能部门,具体负责辖区内托幼机构的卫生保健工作,在各地各级教育部门的配合下开展组织托幼机构卫生保健人员的培训、卫生保健相关调查研究、收集幼儿健康信息资料及卫生保健评估等各项工作。

(二) 妇幼保健机构

《托儿所幼儿园卫生保健管理方法》中同时规定,托幼机构卫生保健工作具体的业务指导由所在辖区县(区)级以上妇幼保健机构负责。县(区)级以上妇幼保健机构设有儿童保健科并有专人负责托幼机构卫生保健管理工作,协助当地卫生行政部门对托幼机构进行一日生活安排、儿童膳食、体格锻炼、健康检查、卫生消毒、疾病预防、伤害预防、心理行为保健、健康教育、卫生保健资料管理等工作的指导和监督评价。

二、卫生保健工作职责

2012 年 5 月,国家卫生部印发的《托儿所幼儿园卫生保健工作规范》中对妇幼保健机构和托育机构的卫生保健工作职责作出了明确的规定。

(一) 妇幼保健机构

妇幼保健机构作为协助当地卫生行政部门对托育机构卫生保健工作进行具体指导的负责主体,主要职责如下:

1. 制订工作计划

协助当地卫生行政部门制订辖区内托幼机构卫生保健工作规划及年度计划,并负责组织实施;制定本辖区托幼机构卫生保健工作评估实施细则。

2. 业务指导

妇幼保健机构定期对辖区内的托幼机构卫生保健工作进行业务指导,内容包括一日生活安排、儿童膳食、体格锻炼、儿童健康检查、卫生与消毒、常见病预防与管理、传染病预防与管理、伤害预防与控制、健康教育及健康信息管理等工作。

3. 卫生保健评价和监督

受卫生行政部门委托,妇幼保健机构对辖区内的托幼机构在不同阶段进行各类卫生保健工作的评价和监督。妇幼保健机构对新设立的托幼机构进行招生前的卫生评价工作,并出具卫生评价报告;对已取得办园(所)资格的托幼机构每 3 年进行 1 次卫生保健工作综合评估,并将结果反馈上报卫生行政部门;与教育部门配合定期进行检查评估或分级分类验收,对未达标的园(所)提出整改意见,并帮助督促限期进行;有计划地对辖区内的托幼机构卫生保健工作进行日常监督指导,督促检查各园(所)保健制度执行情况。

4. 卫生保健工作队伍建设

托幼机构工作人员上岗前需经县(区)级以上人民政府卫生行政部门的医疗卫生机构(妇幼保健机构为主)进行健康检查,取得"托幼机构工作人员健康合格证"方可上岗。妇幼保健机构负责对符合要求的托育机构卫生保健人员进行岗前培训及考核,合格者颁发培训合格证。定期开展婴幼儿疾病防治、膳食营养、卫生消毒、意外伤害急救等方面的培训,不断提高托育机构卫生保健工作人员的专业素养。每年至少组织一次卫生保健工作经验交流或现场观摩活动,总结、推广优秀做法和经验,以点带面,逐步提高托育机构卫生保健工作质量。

5. 信息管理

收集辖区内托幼机构卫生保健工作和儿童生长发育、传染病、常见病等信息,掌握所管辖范围内教育部门办园、企业办园、集体办园、私人办园等各类型托幼机构的基本情况、卫生保健工作水平以及在园儿童健康状况,为卫生行政部门制定相关措施及时提供依据。

托育机构卫生保健工作还需要多部门共同协调维护机构内婴幼儿健康,妇幼保健机构需与辖区内疾病预防控制、食品药品监督管理及卫生监督等多部门联动,共同开展食品安全、传染病预防与控制宣传教育等工作。

(二) 托育机构

托育机构在妇幼保健机构的监督与管理下,卫生保健工作方面的主要职责包括以下 8 个方面。

1. 设立卫生室或保健室

托育机构应根据《托儿所幼儿园卫生保健工作规范》中的基本要求设立卫生室或保健室,面积不得低于 12 平方米,应当符合《医疗机构基本标准》,获得卫生行政部门颁发的"医疗机构执业许可证"。卫生部门根据接收儿童数量配备符合相关资质的卫生保健人员。

📄 **知识拓展**

保健室设备标准

一、一般设备

桌椅、药品柜、保健资料柜、流动水或代用流动水设施、诊察床、电冰箱。

二、体检设备

体重计(杠杆式)、灯光视力箱、对数视力表、身高坐高计(供 3 岁以上使用)、卧式身长计(供 3 岁以下儿童使用)。

三、消毒设备

高压消毒锅、紫外线灯、常用消毒液。

四、常规医疗用品

常用医疗器械(针、镊子、剪刀、弯盘等)、听诊器、血压计、体温计、手电筒、压舌板、敷料、软皮尺。

五、常用药品

1. 外用药。
2. 防治常见病的中西成药。

——摘自《托儿所、幼儿园卫生保健管理办法》

2. 配备工作人员

托育机构需根据预招生的婴幼儿人数配备卫生保健工作人员,按照收托 150 名婴幼儿至少设 1 名专职卫生保健工作人员的比例进行人员配备,收托不足 150 名婴幼儿的可设 1 名专职或兼职卫生保健工作人员。无论是专职还是兼职卫生保健人员,上岗前均需接受妇幼保健机构组织的岗前培训及考核,通过后方可上岗。

3. 制订工作计划

托育机构需根据本园(所)的婴幼儿人数及其他具体实际情况,制订卫生保健工作制度和年度工作计划,并且定期检查各项卫生保健制度的落实情况。根据婴幼儿生理及心理特点,制定合理的一日生活制度和体格锻炼计划,开展适合婴幼儿的保育工作和体格锻炼。

4. 健康检查

托育机构需严格执行工作人员的上岗健康检查、婴幼儿入园(所)及定期健康检查制度。做好晨午检及全日健康观察工作,定期开展婴幼儿生长发育监测。

(1) 入园(所)健康检查

入园体格检查是指婴幼儿入园前进行的全身健康检查,是了解托幼机构内婴幼儿健康状况,保障托幼机构内全体婴幼儿身体健康,杜绝传染性疾病侵害的有效途径。《托儿所幼儿园卫生保健管理办法》规定:"儿童入托幼机构前应当经医疗卫生机构进行健康检查,合格后方可进入托幼机构。"

入园(所)健康检查一般在入园(所)前 1 个月内至婴幼儿所在辖区指定的妇幼保健机构进行。入园(所)健康检查过程包括询问既往病史,测量体重、身高,检查皮肤、五官、心肝脾肺、外生殖器等部位,检测血液中血红蛋白、肝功能等指标。乙肝免疫学检查现不列为入托(学)体检项目,无须检查。所有检查结果填入入园(所)健康体检表(见表5-1-1)。

若检查发现婴幼儿患传染病时,应当暂缓入托,治愈后凭医疗卫生机构出具的健康证明方可入园(所);有龋齿、缺铁性贫血等疾病患儿可以入园,其间同时积极进行治疗。离园3个月以上的婴幼儿,须再次入园体检,合格才可入园。

表5-1-1 儿童入托、幼儿园健康体检表

姓名		性别		出生日期		年 月 日		
既往疾病	麻疹	猩红热	百日咳	风疹	菌痢	肝炎	水痘	流行性腮腺炎
	其他疾病			过敏史				
家人及邻居有无传染病				发病日期				
体格检查	身高		cm	评价	体重		kg	评价
	眼	左 右		耳	左 右	扁桃体		皮肤
	牙	数目		心脏		肺		
		龋齿						
	肝脏		脾脏		外生殖器		其他	
	佝偻病(3岁以下)	症状	多汗			烦躁不安		
		体征	前囟(cm)	颅软	方颅	串珠	肋外翻	鸡胸 手镯 四肢畸形 脊柱变形
体格检查	血常规		化验单附后		乙肝表面抗原			
	胸部X光* 其他*							
医生意见				医生签名				
检查单位盖章				体检日期				
					年 月 日			

备注:*系针对有呼吸道传染病接触史可疑患者的儿童。

(2)晨间检查

晨检,是托幼机构为加强传染病防控工作而采取的一种措施,主要目的是通过在婴幼儿入园时对其进行健康和安全的检查,早期发现发热或患有其他常见病、传染病的婴幼儿,防止患病婴幼儿进入托育机构导致疾病的传播,对集体婴幼儿起到疾病防范的作用。

晨间检查的主要步骤包括:

一摸:婴幼儿有无发热现象,可疑者测量体温。

二看:观察婴幼儿精神状态、面色等,传染病早期表现,咽部、皮肤有无皮疹等。

三问:个别婴幼儿饮食、睡眠、大小便情况。

四查:有无携带不安全的物品,发现问题迅速处理。

5. 疾病防治

加强托育机构婴幼儿常见病、传染病的预防和管理工作。严格查验入园(所)儿童的健康检查表和预防接种证,做好常见病患儿的登记和管理工作,配合有关部门按时完成各项预防接种工作。积极预防常见病和传染病,落实晨、午检工作,做好缺勤、患病婴幼儿的登记和管理。建立常见病患儿健康档案管理,知晓传染病报告流程,做好托育机构内卫生和消毒工作。

6. 伤害预防

加强托育机构的伤害预防控制工作,定期排查机构内婴幼儿生活环境、娱乐设施、玩教具等常用物品存在的安全隐患,提高工作人员意外伤害现场急救的知识与技能水平,做好托育机构伤害干预和评估工作。

7. 膳食营养

做好机构内婴幼儿的膳食管理工作,为婴幼儿提供安全、优质、符合营养要求的膳食。监督落实食品安全工作要求,配备食堂从业、管理人员和食品安全监管人员,明确各岗位工作职责。

8. 信息采集和管理

根据要求完成婴幼儿健康信息的采集,及时完成各项卫生保健工作记录的填写,做好各种卫生保健信息的统计分析,并将数据上报辖区内妇幼保健机构。

三、卫生保健工作评价

为了衡量和评价托育机构卫生保健工作质量,根据《托儿所幼儿园卫生保健管理方法》的要求,妇幼保健机构需结合所在辖区实际情况制定评价的具体内容及量化指标。一般来说,托育机构卫生保健工作评价分招生前评价和日常工作评价。

(一)招生前卫生评价

招生前评价是新设立的托育机构在招收婴幼儿入托前由妇幼保健机构组织专业人员进行的卫生保健评价。评价为"合格"的托育机构,才可正式招收入托婴幼儿;卫生评价报告为"整改后重新评价"的单位,整改后可重新申请评价。招生前卫生评价主要评价新设立的托育机构室外环境、室内环境及卫生保健工作涉及的重点场所,如卫生间、盥洗室、食堂及保健室,是否符合婴幼儿生长发育特点及安全、健康的要求。

(二)日常工作评价

日常工作评价是妇幼保健机构对辖区内托育机构进行卫生保健工作评价最主要的内容,主要包括以下 10 个方面。

① 行政管理。机构内有专人分管卫生保健工作;托育机构环境安全、卫生、合理;各班收托人数,人员的配备符合要求,各类人员上岗前经过专业培训并取得上岗证或相应证书。

② 保健设施。晨间接待室、卫生室或保健室,有条件的园(所)设立隔离室,各室设备齐全并符合标准;各项卫生保健制度健全并严格执行。

③ 生活制度。托育机构有合理的一日生活安排,各个班级根据婴幼儿年龄特点有具体的作息时间表。

④ 营养与膳食。厨房布局及内部设施合理、完备;有"餐饮服务许可证",炊事人员上岗前具有"三证"(上岗位、培训合格证、健康检查证)及每年复查记录;有膳食计划,定期进行营养计算和评价,并有分析及改进措施;采购食品有发票,购买加工食品有卖方"食品生产许可证",每日儿童营养素的供给平衡,搭配合理,就餐秩序良好等。

⑤ 疾病预防。对入园(所)儿童还需按时进行定期检查,做好完整记录。对常见疾病患儿建档,定期测量体重。督促婴幼儿按计划预防接种,采取措施预防常见病、传染病。

⑥ 卫生消毒。室内外环境清洁卫生,有定期清扫消毒制度,执行情况良好;各项消毒设施齐全、合格,各种消毒液的调配符合要求并有专人保管;儿童日常生活用品、玩具等定期消毒。

⑦ 安全保护。托育机构内房屋建筑、内部设施、用具、玩具等符合安全卫生要求,安全制度健全,落实到人,有定期检查记录;定期向工作人员、儿童及家长进行安全教育,做好完整记录。

⑧ 体格锻炼。有计划开展体格锻炼,对体格锻炼的效果有总结评定。

⑨ 健康教育。有健康教育及家长联系制度并能严格执行,有记录可查。

⑩ 信息采集。各项卫生保健登记完善、齐全,记录完整、正确。

第二节 托育机构膳食与营养管理

案例导入

天天托育机构的一名家长向负责人反映,她的孩子送入机构托小班3个多月了,体重只增加了0.8千克,机构提供给孩子的营养是不是不够。作为机构的负责人,你要向哪些人员去了解孩子的营养与膳食情况? 婴幼儿营养有什么特别需求? 膳食与营养管理中要注意哪些问题?

营养是影响儿童生长发育的重要因素,对婴幼儿的影响尤其明显。膳食与营养是托育机构卫生保健的重点工作,对促进托育机构内婴幼儿的生长发育和维持婴幼儿的健康状态至关重要。

一、婴幼儿能量与营养需求

(一)婴幼儿能量需求

婴幼儿期是人生中关键的阶段之一,科学、合理的营养摄入对于婴幼儿的正常生长和发育至关重要。婴幼儿摄入营养后产生的能量主要用于基础代谢、食物的热力作用、活动、生长和排泄5个方面的消耗。

基础代谢:是指在婴幼儿清醒、安静、空腹的情况下,于20℃～25℃室温中,为维持机体生命活动所需要的最低能量。基础代谢所消耗的能量,因个体的性别、年龄而有所差异。婴儿平均每日需要230千焦(55千卡)/千克,且随着年龄增加而逐渐减少。婴幼儿时期基础代谢所需能量占总能量的50%～60%,尤其是大脑的代谢约占总基础代谢的三分之一。

食物的热力作用:是指人体摄取食物后引起机体能量代谢的额外部分,主要用于食物消化、吸收、转运、代谢和储存。婴儿摄入食物中蛋白质含量较高,而蛋白质的热力作用在三大产能营养素中最高,因此婴幼儿这部分消耗能量占总能量7%～8%。

活动所需:活动消耗能量的多少与婴幼儿的身体大小、活动强度、活动持续时间等关系密切。一般而言,婴儿大约需要63～84千焦(15～20千卡)/千克,随着动作发展,活动消耗能量逐渐增多。

生长所需:婴幼儿生长发育速度快,用于生长所需的能量消耗较其他年龄时期为多,婴儿期此部分能量消耗占总能量25%～30%。6个月以内婴儿每日生长所需能量167～209千焦(40～50千卡)/千克;6～12个月婴儿需63～84千焦(15～20千卡)/千克;1岁以后幼儿需20千焦(5千卡)/千克。

排泄:指未消化吸收食物排泄至体外损失的能量,一般不超过总能量的10%。

上述5部分就是婴幼儿期能量消耗的情况,总和即婴幼儿每日所需总能量。1岁以内婴儿平均每日需要总能量418.4千焦(100千卡)/千克,之后随年龄增加逐渐减少,每增加3岁减去42千焦(10千卡)/千克。

(二)婴幼儿营养需求

营养素分为宏量营养素和微量营养素。

1. 宏量营养素

（1）蛋白质

蛋白质是人体组织、细胞的基本组成物质，对生长发育迅速的婴幼儿来说尤为重要。蛋白质提供总能量的 8%～15%。此外，它还是体内体液、激素、酶的重要组成部分，具有输送小分子物质、促进消化、提高免疫力等多种生理作用。婴幼儿期对蛋白质需求较高，1 岁内推荐摄入量为每日 1.5～3 克/千克。婴幼儿期要注意选择消化吸收好、不容易过敏的优质蛋白。

（2）脂类

脂类包括脂肪、磷脂和胆固醇。脂肪是保障婴幼儿神经系统和器官发育的重要元素，对于婴幼儿的身体健康、生长发育和免疫力的提高也有至关重要的作用。0～6 个月的婴儿，每日脂肪需要量为41～51 千卡；6～12 个月的婴儿，每日脂肪需要量为 31～41 千卡。对婴幼儿来说，脂肪提供的能量占总能量的比例较大，占婴儿总能量的 35%～50%，随着年龄增长脂肪产能占比下降。

（3）碳水化合物

碳水化合物是婴幼儿期最主要的能源来源，它还可与其他营养素共同合成构成机体的细胞和组织。碳水化合物的摄入要保证充足，0～6 个月婴儿膳食中碳水化合物产能占总能量的 60%～70%，6～12 个月宜为 55%～65%，2 岁以上应占总能量的 50%～60%。

2. 微量营养素

（1）维生素

维生素在机体内含量极低，不产生能量，主要功能为调节人体新陈代谢。维生素在婴幼儿体内无法合成或合成较少，主要通过食物摄入进行补充。按照维生素的溶解性，通常分为脂溶性维生素和水溶性维生素，脂溶性维生素可在体内储存，但水溶性维生素可从尿液中迅速排泄，需要每日供给。婴幼儿期容易出现维生素 A、维生素 D、维生素 C 及维生素 B_1 缺乏。

（2）矿物质

婴幼儿期矿物质的需求量相对较高。人体需要的矿物质主要有钙、磷、铁、锌、铜、钴、锰、碘等。钙和磷的比例为 1：1，对于骨骼和牙齿的形成至关重要；铁是血红蛋白的重要组成部分，对于红细胞的生成也很重要；锌、铜、锰是体内的微量元素，对于儿童脑功能的发育具有积极的促进作用。在婴幼儿的饮食中，要保证适当的矿物质摄入量。

3. 其他营养素

（1）水

婴幼儿时期生长发育速度快，新陈代谢高，水分需求较其他时期更多，又因肾脏等器官功能尚未成熟，容易发生脱水、电解质平衡失调现象。1 岁以内婴儿每日需要的水分是 150 毫升/千克，随着年龄的增加，对水分的需求逐渐减少，之后每 3 年减少约 25 毫升/（千克·天）。

（2）膳食纤维

膳食纤维主要通过吸收大肠水分、软化大便等作用促进婴幼儿排便，是维持婴幼儿胃肠道健康的重要营养素。婴幼儿膳食中应适量添加谷类、新鲜蔬菜和水果以补充膳食纤维。

二、膳食安排与管理

（一）托育机构膳食安排

我国卫生部 2012 年出台的《托儿所幼儿园卫生保健工作规范》中要求，托幼机构应当根据儿童生理需求，以《中国居民膳食指南》为指导，参考《中国居民膳食营养素参考摄入量（DRIs）》制订儿童膳食计划。卫生保健工作人员根据膳食计划制定带量食谱，1～2 周更换一次，且每季度进行一次膳食调查和营养评估。

1. 合理营养

全日制托幼机构,儿童膳食能量和蛋白质平均摄入量应达到 DRIs 的 80%以上;寄宿制托幼机构应达到 DRIs 的 90%以上。维生素 A、维生素 B_1、维生素 B_2、维生素 C 及矿物质钙、铁、锌等应达到 DRIs 的 80%以上。脂肪供能比应占 20%～30%,碳水化合物供能比应占 50%～65%。优质蛋白质应达到蛋白质总量的 50%以上。不提供正餐的托幼机构,每日至少提供 1 次点心。在营养素的摄入上,不同年龄婴幼儿可以参考 2022 年中国营养学会发布的婴幼儿平衡膳食宝塔(见图 5-2-1)。

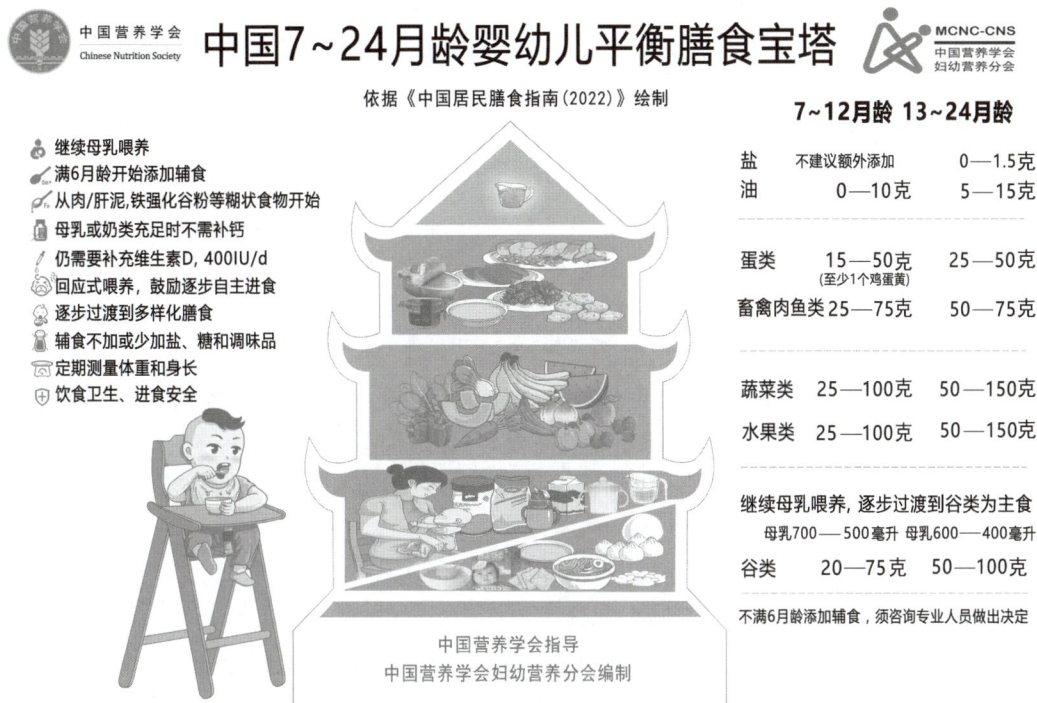

图 5-2-1 7～24 月龄婴幼儿平衡膳食宝塔

2. 饮食结构

婴幼儿饮食结构应以五类食物(谷类、蔬菜、水果、肉类和奶制品)为主体,以及适量添加脂肪、糖、盐和水,构成营养均衡的饮食结构。谷类是人体主要的能量来源,是婴幼儿吸收热能的主要途径。婴幼儿每天应摄取适量的谷类食品,如米饭、面条、馒头、面包等,以保证身体所需的能量和碳水化合物。蔬菜、水果是婴幼儿获得必需维生素、矿物质和膳食纤维的重要来源。婴幼儿每天应吃足量的蔬菜和水果,保证获得足够的营养素。蔬菜可以生食或烹饪,水果可以生食或压榨成汁。肉类和蛋类是婴幼儿获得蛋白质和必需脂肪酸的重要来源。婴幼儿每天应适量摄取肉类或蛋类,如鸡肉、鸭肉、鸡蛋、鱼类、海鲜等。肉类和蛋类可以搭配蔬菜一起烹饪或煮汤。奶制品是幼儿获得钙质和维生素 D 的主要来源。家长每天可为婴幼儿提供适量的奶制品,如牛奶、酸奶、奶酪等。

3. 营养素摄入

婴幼儿每天需要 20～25 克的蛋白质,蛋白质可以来自鱼类、肉类、蛋类、豆类、奶制品等。

脂肪是婴幼儿吸收脂溶性维生素和提供热能的重要来源。建议脂肪摄入量为每天所摄食物总量的 30%左右。婴幼儿每天需要 2～3 克/千克的碳水化合物,主要来自谷类。维生素是婴幼儿生长发育所必需的营养素,应从蔬菜、水果、奶制品、肉类和蛋类中获得。婴幼儿需要适量的矿物质,如钙、铁、锌等。钙可以来自奶制品,铁和锌可以来自肉类和蛋类。

（二）托育机构膳食与营养管理

托育机构管理人员需遵照《托儿所幼儿园卫生保健工作规范》中膳食和营养管理要求执行。

① 提供托育机构婴幼儿膳食的中央厨房或食堂应当符合《食品安全法》《食品安全法实施条例》以及《餐饮服务许可管理办法》《餐饮服务食品安全监督管理办法》《学校食堂与学生集体用餐卫生管理规定》等有关法律法规和规章的要求，取得《餐饮服务许可证》。

② 婴幼儿生活饮用水必须符合国家《生活饮用水卫生标准》，托育机构应每日上、下午各安排婴幼儿1～2次集中饮水，1～3岁幼儿饮水量50～100毫升/次，夏秋季酌情增加饮水量。

③ 婴幼儿膳食应当专人负责，膳食费专款专用。定期组织召开膳食委员会会议，对婴幼儿膳食进行民主管理，膳食费用账目应每月公布。

④ 婴幼儿食品必须在具有《食品生产许可证》或《食品流通许可证》的单位采购，注意查验相关票证，保证其产地、生产日期和保质期等信息的准确性，建立食品采购和验收记录。库存食品应当分类、注有标识、注明保质日期、定位储藏。

⑤ 托育机构食堂应当每日清扫、消毒，保持内外环境整洁。食品加工用具必须生熟标识明确、分开使用、定位存放。

⑥ 确保婴幼儿膳食新鲜、清洁，禁止加工变质、有毒、不洁、超过保质期的食物。不为婴幼儿制作和提供冷荤凉菜。留样食品应当按品种分别盛放于清洗消毒后的密闭专用容器内，在冷藏条件下存放48小时以上，每样品种不少于100克以满足检验需要，并作好记录。

⑦ 确保婴幼儿进餐环境卫生、整洁、舒适。餐饮具、熟食盛器应在食堂或清洗消毒间集中清洗消毒，消毒后保洁存放。

⑧ 托育机构应以《中国居民膳食指南》为指导，参考"中国居民膳食营养素参考摄入量（DRIs）"和各类食物每日参考摄入量，制订婴幼儿膳食计划。

⑨ 根据膳食计划制定带量食谱，1～2周更换1次。托育机构需要根据婴幼儿的年龄和营养需求，制定科学、丰富多样的食谱。食谱要合理搭配各类食物，保证食物品种的多样性，营养均衡。

⑩ 在主副食的选料、洗涤、切配、烹调的过程中，方法应当科学合理，减少营养素的损失。婴幼儿在饮食方面对口味的偏好非常敏感，托育机构应该关注婴幼儿的口味偏好，合理搭配各类食物，符合婴幼儿清淡口味，烹调食物注意色、香、味、形。在烹饪过程中，要注意对厨房卫生的管理，以免污染食物。

⑪ 托育机构至少每季度进行1次膳食调查和营养评估。

⑫ 有条件的托幼机构可为贫血、营养不良、食物过敏等儿童提供特殊膳食。不提供正餐的托幼机构，每日至少提供1次点心。

三、膳食与营养评价

营养评价是指通过分析膳食营养成分、临床检查、人体测量、生化检查等多方面的结果进行的个体营养状况。托育机构婴幼儿的膳食是否安排合理，营养摄入是否充足，可以通过下列4个方面进行评价。

（一）身体生长发育指标的评价

婴幼儿期体格生长速度非常快，营养对体格生长的影响非常明显，因此可以用体格生长指标和曲线图作为营养状况的评价指标。测量内容主要包括体重、身长、上臂围及胸围等。

1. 体重

体重是指体内体液、骨骼、肌肉的质量之和，是判断婴幼儿营养状况最常用、最重要的体格生长指标。婴幼儿体重不仅可以反映短期营养的水平,也可以反映远期营养状况。正常婴幼儿体重有一定的波动范围。

2. 上臂围

上臂围是指婴幼儿肩峰到鹰嘴中点绕手臂一周的长度,是婴幼儿皮下脂肪生长最常用的测量指标,反映婴幼儿营养状况的好坏。5 岁以下幼儿正常上臂围位于 12.5～13.5 厘米,若超过 13.5 厘米提示营养过剩,若小于 12.5 厘米提示营养不良。

3. 身长

身长指的是从头顶至足底的长度,3 岁之前的婴幼儿因为下肢动作发展不成熟,通常采用仰卧位在量床上进行测量。身长能够直接反映婴幼儿全身骨骼的发育情况,同时,也能够反映远期营养的变化。如长期营养不良或患有佝偻病的婴幼儿,身长也会较同龄儿低下。

婴幼儿照护者可以通过绘制生长曲线图,对婴幼儿以上常用衡量营养的指标进行定期测量和记录,观察其营养状况的改变,及早发现异常情况并进行纠正。

(二)饮食营养素摄入的评价

膳食营养计算,详细记录三餐所有进食的食物,然后根据食物成分表,计算出平均一日所摄取的热能及各种营养素的摄入量,以及三餐分别的数量、三餐比例。对其评价可参考中国营养学会发布的婴幼儿平衡膳食的标准。全日制托育机构中婴幼儿的热量和蛋白质平均摄入量应当达到"DRIs"的 80% 以上,维生素 A、B1、B2、C 及矿物质钙、铁、锌等应当达到"DRIs"的 80% 以上。蛋白质、脂肪和碳水化合物热量占总热量的百分比应达到 12%～15%、30%～35% 及 50%～60%,其中优质蛋白质占蛋白质总量应超过 50%。婴幼儿每日早餐、午餐、晚餐热量分配比例为 30%、40% 和 30%。

(三)体格检查

患有急、慢性感染性疾病史,近期有创伤或外科手术史,有偏食习惯等,均提示患有营养障碍性疾病的可能性,需要进一步做相关检查。

(四)实验室生化指标的评价

判断婴幼儿营养常用的实验室生化指标包括:血液微量元素水平、各种营养成分的尿排泄速率、相关营养素的代谢产物及测定相关酶活性或运转、储存有关的结合载体(蛋白质、多肽等)浓度等。比如,婴幼儿定期健康检查过程中,常会通过血常规测量其血液中铁元素的含量,以及早发现是否发生缺铁性贫血的问题。

第三节 托育机构健康教育管理

案例导入

近期,本地区流感高发,陆续有托幼机构出现流感病例增多致班级停课的事件。作为托育机构的负责人,你想要开展针对预防流感的健康教育。与其他儿童相比,托育机构内 0～3 岁婴幼儿健康教育的内容有哪些？健康教育的对象是哪些人员？在健康教育中要注意哪些问题？

健康教育是通过有计划、有组织、系统的教育活动,促使目标个体或群体树立健康意识,消除或避免影响个体或群体健康的危险因素,改变不健康的行为生活方式,从而达到预防疾病,促进健康的目的。与其他年龄段的儿童相比,婴幼儿既是各种常见病和传染病高发的群体,却又无法通过传统的教育方法获得健康知识,在托育机构健康教育管理中应注意根据婴幼儿的机体免疫特点和认知特点,对婴幼儿照护人员采用多元化的方式针对性地开展健康教育。

一、健康教育的内容

健康教育是托育机构婴幼儿健康照护管理中的重要部分,在《托儿所幼儿园卫生保健管理办法》中明确提到托育机构应当根据不同季节、疾病流行等情况制订全年健康教育工作计划,并组织实施。

婴幼儿期的健康教育主要目的是传播适合该年龄的科学育儿,促进婴幼儿正常发展。根据婴幼儿期特点,健康教育的内容主要包括膳食营养、疾病预防、儿童安全、心理卫生以及良好行为习惯的培养等。

（一）膳食营养

提倡母乳喂养,宣传母乳喂养的优点,对母乳喂养的技巧、间隔时间及断乳等进行具体指导。对无法进行母乳喂养及后期奶量不足或确实无法进行喂养的母亲,可根据自身情况选择补授法或代授法,母乳不足部分用配方奶补足。应选择营养素含量符合生产标准的配方奶粉,根据规定配比调制奶液,对奶具严格进行清洁消毒。

婴儿6个月后开始添加辅食,教育中应对辅食添加的原则、辅食的种类及添加过程中可能出现的问题及处理方法进行介绍。引入新食物的过程中,要注意观察婴儿有无食物过敏的现象,如有过敏需确定过敏原。在12月龄后注重训练幼儿使用餐具的技能,幼儿进食中应避免边吃边玩或观看电视、手机等,避免追逐喂养。在喂养过程中,注意观察幼儿有无挑食、偏食的行为,培养规律、良好的进食行为,定期监测体格生长指标。

（二）疾病预防

托育机构应合理安排婴幼儿在机构内的一日生活,提供充足的光照、睡眠等必要条件,保证足够的户外活动和体格锻炼,逐步提高婴幼儿机体抵抗力,积极预防维生素D缺乏性佝偻病、营养性贫血等常见营养性疾病及婴幼儿期常见的感冒、肺炎及腹泻等疾病。

预防接种是在免疫功能低下的婴幼儿期预防疾病的关键措施。大力宣传预防接种对护佑婴幼儿健康的重要意义,使家长重视婴幼儿期预防接种,提醒家长按规定时限带婴幼儿至社区卫生服务中心或乡镇卫生院完成免疫接种,预防婴幼儿期常见传染病。告知预防接种的注意事项,包括接种疫苗的不良反应及处理方式,确保婴幼儿安全接种。

（三）儿童安全

注重托育机构内安全环境的创设,为婴幼儿家长提供机构外婴幼儿的安全防护教育,使家长清楚婴幼儿居所内的安全隐患,提醒家长定期排查安全风险,做好溺水、触电、中毒、外伤等常见意外伤害的预防及初步处理知识及技能的教育,避免、减少婴幼儿在机构内及家庭中的伤害。

指导家长选择安全、无害的婴幼儿玩教具、奶具、服装及洗漱用品等,确保婴幼儿用品的安全使用及保管。

（四）身心发展

强调定期健康检查对保障婴幼儿生长发育的重要性，督促家长按照规定月龄及时进行健康检查，保留健康检查结果等重要数据资料，方便卫生保健人员进行长期观察与评估。

对托育机构工作人员进行健康教育，使其熟悉婴幼儿可能出现的异常动作、语言等，具备早期识别的能力，早期发现问题并提醒家长携带婴幼儿及时就医，确保婴幼儿正常的身心发展。

二、健康教育的实施

托育机构健康教育的对象主要为婴幼儿及其照护者，也可以延伸至周围社区的群众。这些健康教育对象的年龄、认知能力以及与婴幼儿的关系差别较大，必须要根据健康教育对象的特点制订不同的教育内容及计划。

（一）评估机构内婴幼儿基本情况和健康需求

对婴幼儿家长进行调查，对婴幼儿、婴幼儿家庭及社会情况进行详细的信息收集，分析影响机构内婴幼儿健康的环境、社会及疾病情况，确定需要优先进行健康干预的内容。对家长的养育观念、健康信念、价值观以及当地的传统习俗、食物等可能影响婴幼儿健康的相关因素，都应进行全面的了解和分析。针对分析的结果，了解当地政府相关卫生保健政策和医疗及福利资源，有助于进一步确定健康教育的内容。

（二）确定健康教育的内容和具体目标

根据第一步调查结果，分析机构内婴幼儿存在的主要健康风险，确定健康教育的内容。根据选定的教育主题，确定参与教育活动的主要人员，并根据参与人员的具体情况制定相应的教育目标。我国的隔代养育现象非常普遍，在确定参与人员之后，应该排摸参与人员的文化水平等相关因素，更好掌握教育活动中授予知识的深浅度，设定合理、可行的教育目标。

（三）制订健康教育的策略和活动计划

托育机构健康教育活动应尽量根据托育机构所在地相应的卫生保健政策，结合所在地基层卫生规划，取得组织保证和财政、师资、设备等支持，更好地制订中、长期的健康教育计划。实施健康教育的师资，一般为各级妇幼保健和医疗机构的医务人员，以及各级政府卫生健康部门的领导干部、医学院校的师生或是托幼机构的卫生保健人员，不仅要具备进行健康教育相关的知识、技能，还需要掌握授课的必要方法和形式，更好地传递健康知识。

（四）组织实施健康教育活动

托育机构婴幼儿健康教育的形式包括组织亲子游戏、设立家长学校、开展家长课堂、举办育儿知识竞赛、进行家庭访问或是通过群众性媒体发放健康教育资料等。组织亲子游戏形式的健康教育通常会组织婴幼儿和家长参与运动游戏、角色扮演、唱儿歌等，在活泼有趣的氛围中对婴幼儿及其家长进行健康教育，是婴幼儿较能接受的方式。一些婴幼儿期良好生活习惯的培养，可通过此种形式进行，如刷牙歌、洗手比赛等。家长课堂主要通过健康教育工作人员示范，使家长学会如制作婴幼儿辅食等必要技能。家长讨论会通常邀请在教育主题上较具经验的家长就教育主题谈谈婴幼儿健康照护经验，促进家长间的沟通与交流。随着时代进步，除了原先利用小画册、宣传画等传统纸质、实体资料以外，QQ群、微信公众号、微博、抖音等新媒体都是广泛进行健康教育的途径。

托育机构应采取多种途径开展健康教育宣传,每季度对保教人员开展 1 次健康讲座,每学期至少举办 1 次家长讲座。每班须配有健康教育图书,并组织婴幼儿开展健康教育活动。

三、健康教育的评价

托育机构实施健康教育之后,托育机构管理人员应对健康教育活动进行科学、合理的评价,了解健康教育活动实施的效果,根据评价结果对实施过程进行调整、改善,为更好地、持续地在托育机构内实施健康教育活动提供依据。托育机构健康教育评价主要包括过程评价和效果评价。

(一) 过程评价

1. 教育活动的评价

在托育机构实施健康教育中,应记录教育活动实际情况,统计参与健康教育的婴幼儿、婴幼儿家长及机构照护人员信息,健康教育材料的发放情况,婴幼儿及家长或照护人员对健康教育活动反应如何,婴幼儿家长及照护人员对健康教育的满意度(包括内容的满意度、形式的满意度、组织的满意度、人际关系的满意度等),参与活动的婴幼儿及其家长、照护人员在健康教育中的参与度等信息,方便后期更好地组织健康教育活动。

2. 教育活动工作人员评价

评价实施健康教育的工作人员工作态度是否认真、负责,活动中与教育对象之间的互动及配合是否良好,与托育机构内其他部门或机构外其他单位的协调情况如何。在实施健康教育过程中,工作人员对健康教育内容的选择是否适当,教育的相关知识素养和技能是否专业、充足,都是影响健康教育的重要因素,也是评价的重要内容。

(二) 效果评价

1. 相关知识知晓率的评价

评价婴幼儿家长及照护人员对教育知识的知晓率有无提高,有无改变婴幼儿照护人员相关健康理念,有无建立健康的信念等,这方面的评价可以通过教育活动前后知识、态度、信念的问卷调查结果进行比较。

2. 良好生活卫生习惯养成的评价

评价健康教育实施后婴幼儿有无行为改变,评估有益的健康行为有无增加,良好的生活卫生习惯有无养成,有损健康的行为或不良生活卫生习惯有无减少。

3. 婴幼儿健康状况的评价

提高婴幼儿的健康水平,提高婴幼儿的生活质量是托育机构健康教育的最终目的。对婴幼儿健康状况的评价内容包括婴幼儿体格生长、早期发展等,比如体重、身长、头围以及语言、动作和社交等发展情况。

单元小结

卫生保健管理是托育机构保障婴幼儿健康的重要支持,卫生保健管理工作包括卫生保健、营养与膳食及健康教育的管理,其中膳食与营养是托育机构卫生保健的重点工作,对促进托育机构内婴幼儿的生长发育和维持其健康状态至关重要。健康教育的内容主要包括膳食营养、疾病预防、儿童安全、心理卫生以及良好行为习惯的培养等。

思考与练习

在线练习

一、单项选择题

1. 托育机构幼儿室外活动时长至少（　　）。

　　A. 1 小时　　　　　　　B. 2 小时　　　　　　　C. 3 小时　　　　　　　D. 4 小时

2. 评价婴幼儿的营养水平时，通常不通过下列哪个方面？（　　）

　　A. 体格生长指标　　　B. 实验室检查　　　　C. 膳食评价　　　　　D. 智力检测

3. 入园（所）健康体检后，下列哪种情况下婴幼儿需暂缓入园（所）？（　　）

　　A. 有蛀牙　　　　　　B. 有轻度贫血　　　　C. 发现乙肝阳性　　　D. 患有肺结核

4. 托育机构保健室面积不得少于（　　）。

　　A. 12 m²　　　　　　　B. 24 m²　　　　　　　C. 30 m²　　　　　　　D. 40 m²

二、判断题

1. 婴幼儿短期的营养状况可以通过身长的测量值反映。　　　　　　　　　　　　（　　）

2. 托育机构婴幼儿日间应安排 2 次睡眠时间。　　　　　　　　　　　　　　　（　　）

3. 托育机构婴幼儿正餐间隔时间至少 5 小时。　　　　　　　　　　　　　　　（　　）

4. 上臂围 13 厘米的幼儿营养水平良好。　　　　　　　　　　　　　　　　　（　　）

三、简答题

1. 晨间检查主要包括几个步骤？每个步骤的具体内容是什么？

2. 托育机构婴幼儿的营养主要从哪些方面进行评价？

四、实训任务

请制订新学期托育机构卫生保健工作计划表。

第六单元
托育机构安全管理

单元导读

　　本单元主要介绍托育机构消防安全与安保防卫、环境安全与餐饮安全、安全看护与伤害预防等安全管理方面的内容,旨在帮助学习者全面系统掌握托育机构安全管理过程中的流程、要求与相关措施,为今后从事托育机构安全管理工作提供一些经验借鉴与参考。

学习目标

知识目标

1. 知道托育机构消防安全及安保防卫中的常见隐患与管理流程。
2. 熟悉托育机构环境及餐饮安全中的常见隐患与管理措施。
3. 知道托育机构安全看护与伤害预防发生的类型与原因。

能力目标

1. 掌握托育机构消防安全与安保防卫的管理方法。
2. 掌握托育机构环境安全与餐饮安全的管理措施。
3. 掌握托育安全看护与伤害预防的管理措施。

思政目标

1. 热爱婴幼儿,将婴幼儿的生命安全放在工作的首位。
2. 养成敬业精神,愿意全身心投入托育服务工作中。
3. 具有责任担当意识,能够肩负起托育机构安全管理的责任。

内容结构

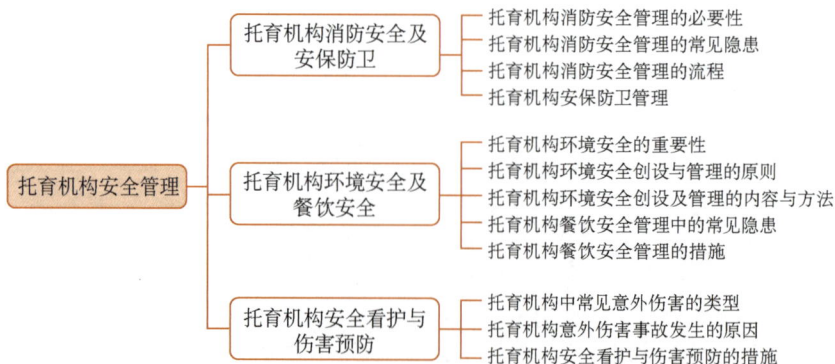

第一节　托育机构消防安全及安保防卫

案例导入

刚毕业的小陈和几个同学合伙在某社区中心创办了一家托育机构,在投资了40余万的装修后打算择期开业,但却在申请消防验收时没有通过审核,原因是"由于装修、土建改动,疏散出口距离超标",需要重新调整出口。小陈顿感无措,已经投入了这么多的费用,再重新进行调整、装修,资金压力就更大了。现在小陈他们需要赶紧了解托育机构消防安全管理的流程是怎样的,消防安全管理过程中有哪些需要注意的地方,以便尽快整改好早日正式营业。

安全管理是托育机构组织管理过程中最核心的内容之一,也是婴幼儿家长最为关切的问题,任何一起安全事故都可能对托育机构的长远发展产生难以估量的影响,消防安全则是安全管理中重要的一环。现实中亦出现不少托育机构在备案过程中因消防验收、安保防卫等环节出现问题,从而导致托育机构无法正常招生营业的情况。因此,作为托育机构的负责人,在组织管理过程中必须了解关于消防安全以及安保防卫相关的要求,才能真正做好婴幼儿安全保障工作。

一、托育机构消防安全管理的必要性

(一) 保障婴幼儿的人身安全

保障婴幼儿的人身安全是托育机构提供托育服务的首要条件。由于婴幼儿缺乏自我保护意识和能力,托育机构中一旦发生消防安全故事,后果将是不可想象的。

(二) 减少机构的经济损失

消防安全事故的发生不仅直接影响婴幼儿和员工的安全,还会对托育机构的经济造成重大影响,这也是消防安全管理的必要性之一。如果机构遭受重大的损失,其经营和财务状况将会受到严重影响。

(三) 相关法律法规有明确要求

托育机构作为一种特殊的服务机构,其管理必须遵从有关法律法规的规定。2022年1月14日,国家应急管理部印发了《托育机构消防安全指南(试行)》,对托育机构消防安全的基本条件、安全管理等作出了具体明确的规定与要求,以提升托育机构的消防安全管理水平。

托育机构消防安全基本条件

1. 托育机构不得设置在四层及四层以上、地下或半地下,具体设置楼层应符合《建筑设计防火规范》(GB 50016)的有关规定。

2. 托育机构不得设置在"三合一"场所(住宿与生产、储存、经营合用场所)和彩钢板建筑内,不得与生产、储存、经营易燃易爆危险品场所设置在同一建筑物内。

3. 托育机构与所在建筑内其他功能场所应采取有效的防火分隔措施,当需要局部连通时,墙上开设的门、窗应采用乙级防火门、窗。托育机构与办公经营场所组合设置时,其疏散楼梯应与办公经营场所采取有效的防火分隔措施。

4. 托育机构楼梯的设置形式、数量、宽度等设置要求应符合《建筑设计防火规范》(GB 50016)的有关规定。疏散楼梯的梯段和平台均应采用不燃材料制作。托育机构设置在高层建筑内时,应设置独立的安全出口和疏散楼梯。托育机构中建筑面积大于 50 平方米的房间,其疏散门数量不应少于 2 个。

节选自《托育机构消防安全指南(试行)》(2022 年 1 月 14 日)

二、托育机构消防安全管理的常见隐患

(一)员工消防安全意识缺乏

托育机构内所有员工应该具备消防安全基本知识和技能,了解灭火器材使用方法和应急措施。但是,有些员工缺乏消防安全意识、不重视消防安全,对消防器材的正确使用和维护不熟悉,对灭火应急措施的掌握不到位。托育机构在员工培训中应该加强消防安全专题培训和管理,提高员工的消防安全意识和应急处理能力。

(二)消防设备不完善

托育机构应该配备必要的消防设备,如烟感探测器、灭火器等,以确保及时发现火源、迅速将火源扑灭,防止火势蔓延。然而,有些托育机构却存在消防设备配备不齐全,甚至不完全符合规定的情况。托育机构应当定期检查、维护消防设备,确保消防设备完好、有效。

(三)电线错误、低效安装

电线的错误、低效安装会导致电气设备和线路不安全,增加火灾风险,严重威胁婴幼儿和托育机构员工的人身安全。托育机构应定期对电线进行检查和维护,避免漏电和短路等安全事故的发生。

(四)消防通道设置不合理

消防通道是人员逃生的重要通道,一般应满足消防规定所设定的宽度和高度,保证人群在紧急状况下能够顺利疏散。然而一些托育机构消防通道设置不合理,如设置过宽或过窄,过低或过高等,不符合消防安全规定,存在安全隐患。

(五)建筑材料符合标准

托育机构的建筑材料应符合消防法律法规和标准,防火等级至少应达到 B1 级。如果托育机构的

建筑材料质量得不到保证、安全设施无法落实,其火灾事故发生的概率将会增大。

(六) 人员密度过高

人员密度过高也是托育机构消防安全的一个隐患,根据消防规定,托育机构人流量不得超过建筑安全标准规定的容纳人数。如果人员密度过高,一旦发生突发事件,托育机构将难以保证人员的安全疏散。

(七) 室内物品堆放不当

有些托育机构为了节省空间,将物品乱堆乱放、堵塞通道,这可能导致火源扩散和逃生困难。托育机构应合理安排室内布局,注意物品堆放和通道畅通。

(八) 灭火器材使用不当

灭火器材的不当使用可能会加大火势,增加火灾事故的损失。基于这种情况,托育机构应当成立专门的消防安全小组,组织开展灭火器材的实操演练,确保所有员工掌握机构内灭火器材的正确使用方法。

(九) 缺乏消防预案

缺乏消防预案是一个较为突出的安全隐患。在发生火灾等紧急情况时,消防预案缺乏会影响应急机制的完善性,导致及时的消防救援措施失效,从而造成托育机构沉重的损失。因此,为了避免造成重大的损失和伤害,托育机构必须制定完备的消防安全应急预案来应对各种紧急状况的发生。

(十) 定期检查和维护不到位

消防安全管理的监督和检查是非常必要的,托育机构应定期进行消防安全检查和维护,及时维护、更换损坏的消防设施,确保其处于正常工作状态,保障婴幼儿和员工的安全。

以上是托育机构消防安全管理常见隐患的一些情况,托育机构负责人应从员工入职培训入手,提高员工责任意识和应急能力,加强托育机构的安全管理和监督,提高托育机构的消防安全水平。

三、托育机构消防安全管理的流程

(一) 托育机构消防安全管理的基本流程

1. 安全意识与安全氛围的建立

安全意识和安全氛围的建立是消防安全管理的第一步,也是最重要的一步。托育机构负责人必须认识到发生火灾事故的严重性,增强火灾预防意识和安全意识,积极营造良好的安全氛围,在员工中树立"安全第一,预防为主,综合管理"的理念。

2. 消防安全组织机构的建立

托育机构应当成立由负责人和专职工作人员组成的消防安全管理领导小组和消防队伍,明确分工,落实责任。领导小组和消防队伍应进行规范化培训,熟悉消防器材的使用方法,制定出消防安全应急预案和灭火演练计划。

3. 消防设施的建设和维护

托育机构的消防设施主要包括火灾报警系统、消火栓系统、灭火器材、逃生疏散指示图、应急照明设备等。在购买设施的时候,应选择安全、可靠、性能好的设施,并加强设施的检查和维护。定期进行设施的检查和测试,及时发现问题并予以处理。

4. 教育与培训

定期进行安全管理的培训和教育,并使管理者和员工了解火灾事故应急处理程序,排摸工作中存在的不安全因素,增强安全理解和认识,帮助员工及时发现安全隐患,提高紧急处理意外情况的能力。

(二) 托育机构消防安全管理的具体措施

1. 加强消防设施建设

对托育机构建筑物进行分类管理,根据建筑物的使用性质、高度等因素,建设火灾报警设施、灭火器材、消火栓、应急照明、逃生通道等设施,以及做好对以上设施的定期保养、检查工作。

2. 加强员工消防安全意识教育

消防安全教育和培训是托育机构加强安全责任的重要环节之一。机构可以针对不同员工的就职时间、职位等情况,分别进行系统性、针对性的培训,培养员工的消防安全意识,提高其应对突发事件的能力。机构内的教室、办公室还应张贴安全通道示意图,配备、放置各类消防器材的图解和使用说明,让员工了解、熟悉消防器材的性能、使用方法以及紧急事故电话。

3. 制定托育机构消防安全应急预案

制定托育机构消防安全应急预案是预防火灾的有效措施之一。托育机构应预先拟定紧急疏散计划,并通过定期的消防演练来检验预案的实用性和可行性,从而提高员工的应急处置能力。

4. 开展应急演练

托育机构可在工作时间适当安排消防演习和应急预案的实施,还可适当让幼儿加入实际演习,让员工快速反应,以应对处理火灾等紧急情况。

5. 加强火源控制

为了避免潜在的火灾隐患,托育机构应合理规划使用、控制各项火源,安装具备消防疏散功能的燃气、电线等设备,如安装自动断电、燃气自动阀门控制等,以避免火源不可控情况的发生。

四、托育机构安保防卫管理

托育机构安保防卫是指为了确保托育机构内婴幼儿的身心安全而采取的一系列安全防范措施和管理措施。这些措施包括但不限于严密的门禁、安装监控摄像头、保安巡逻、安全培训、应急预案等。托育机构安保防卫是一项非常重要的工作,它能让家长们更加放心地将孩子托管给机构,并且在发生意外事件时亦可以快速有效地应对。

(一) 托育机构安保防卫工作中的常见隐患

1. 人员管理隐患

托育机构安保防卫管理中,人员管理是至关重要的,常见的人员管理隐患有以下 3 种情况。

① 员工背景审查不严格。员工未经过严格的职工背景审查就入职,可能存在不良记录、虐待婴幼儿等安全隐患。

② 员工资质不符合要求。如果聘用的托育工作者未取得相关资质证书或培训证书,则可能会引发一系列的风险事件。

③ 员工工作态度不够认真、责任心不够强。在托育工作中,工作态度和责任心是至关重要的。如果托育工作者缺乏认真的工作态度、强烈的责任心,将直接影响工作的效果,还可能造成严重的后果。

2. 场所设施隐患

① 室内安全设施有缺陷。如不够坚固的窗户、未关闭的门窗、湿滑的地面、暗淡的照明设施、卫生较差的设施等。

② 室外安全设施有缺陷。如易于攀爬的墙、未安装护栏的栏杆、未标识的停车位、未经过规范检验的游乐设施等。

3. 安全巡查隐患

① 员工安全巡查不到位。保安一般只能鉴定、感知、控制和反映安全风险,如果巡查不到位,就无法及时发现隐患、解决问题。

② 巡查时间不规范。由于巡查时间不规范,保安可能错过安全隐患的早期征兆,导致风险隐患长期存在才被发现。

③ 存在巡错点或者漏巡点。在巡查中,保安可能出现漏巡某些区域或者巡错某些区域的情况,因此有必要将巡查区域、巡查路径和要求进行清晰界定并予以明确。

4. 人员培训隐患

① 员工培训内容不够详细。员工入职培训内容应该包含托育机构工作中的各个方面,尤其要有针对婴幼儿安全管理的专题内容。如果培训内容有缺失,则可能导致员工在遇到问题时不知如何是好,无法快速、有效地解决问题。此外,还应让员工牢记托育机构内所有工作开展的底线必须以安全为第一原则。

② 培训的时间不够长。有些托育机构组织的培训时间过短,走走过场,难以对员工进行深入的教育和培训,导致员工对岗位责任和技能要求不够清晰明了。

5. 应急预案隐患

① 应急预案不够完善。如果应急预案过于简单,不能覆盖所有突发情况,则可能会对婴幼儿和员工的生命财产造成不可预计的风险。

② 应急预案无法落实。制定应急预案是一回事,能够成功执行应急预案是另一回事。员工未培训到位,不会执行应急预案,应急预案无法落到实处,这就会让预案失去原本的目的和价值。

6. 安保力量隐患

① 缺乏足够的保安力量。保安人员配备不足,则会导致对托育场所各区域的实时监控难以实现,难以有效预警和制止安全事件的发生。

② 保安的行动能力不强。保安在行动中享有极高的独立性,如果保安个人能力不够、操作技能不足,当突发情况发生时就不可能做到及时、有效地制止。

7. 管理制度隐患

① 人员管理制度不够完善。对于员工的绩效考核、奖惩机制不够规范,检查和抽查制度不健全,管理手册和工作要求规范不严格等情况的存在,在一定程度上也会对安全管理产生阻碍。

② 工作流程不够规范。托育机构的工作流程往往比较复杂,如果工作流程不够规范,则会对风险的防范和控制产生较大的阻碍。

综上所述,托育机构安保防卫中存在许多安全隐患,需要有关方面加强监管和管理,加强安全意识,尽量避免安全事故的发生。

(二)托育机构安保防卫工作的开展流程

1. 前期风险评估

在制订托育机构安保防卫方案前,首先需要进行风险评估,了解该托育机构的周边环境、历史安全事件等情况,为托育机构安保防卫工作的开展提供参考。一般来说,风险评估主要包括3个方面。

一是查看历史安全事件记录,了解该托育机构所在区域的安全风险程度;

二是现场勘查,仔细查看该托育机构周边环境,特别是查找可能存在的安全隐患点;

三是收集环境安全监测数据,了解该托育机构所在区域的治安情况。

通过上述方法,可以较为全面地了解该托育机构所在区域的环境安全状况,为后续的方案制订提供参考依据。

2. 安保方案设计

在前期风险评估的基础上,制订适合该托育机构的安保防卫方案。安保方案的设计需要根据具体情况而定,主要包括如下5个环节。

一是门禁管理。托育机构的门禁管理一般包括门禁码管理、门禁卡管理、人员进出登记、访客登记管理等。门禁的设置应安装在最容易监控的位置,以便进行日常的门卫巡逻和监督。

二是安全巡逻。托育机构应设置巡逻岗位并定期开展巡逻监督,查找潜在安全隐患和可能出现的突发事件,进行及时预警和处置。

三是安全培训。为了避免突发事件的发生或减少突发事件产生的危害,托育机构需要对员工进行安全培训,培训内容包括应急预案的讲解和实操、安全防范教育等方面,从而确保员工在危机发生时能够做出及时、有效的处理。

四是应急预案。针对不同的安全事件,托育机构需制定相应的应急预案,进行场景重现、充分演练,以实现精准识变、应变。比如,制订火险预防应急计划,积极采取各项措施保障托育机构的正常进行,确保婴幼儿和员工的生命财产安全。

五是其他措施。此外,托育机构还需要做好信息公开、人员背景调查等工作,加强日常管理和安全监督力度,共建和谐、舒适、安全的托育环境。

3. 安保方案实施

安保方案设计完成后,就进入具体实施执行阶段。托育机构在实施执行过程中,应注意以下5个方面。

一是认真执行门禁制度,所有人员都需要接受系统监测;

二是保安外出时,应打开所有监控摄像头,做到24小时实时查看全区域;

三是确保安保人员巡逻点尽可能遍布整个区域,并设立报警器、紧急电话等紧急联系设备;

四是经常对设备和设施进行检测和维护,确保其处于正常工作状态并能长期使用;

五是在情况允许的情况下,还可以引入人工智能等新技术,进一步提高监管效率。

4. 安保监督管理

托育机构安保防卫工作完成后,需要进行监督管理,确保方案的贯彻落实。安保监督管理主要包括以下4个方面。

一是针对该安保方案的效果,进行定期考核、评估。

二是对于存在的问题,进行及时整改和弥补,以保证安保工作的质量。

三是定期进行安全培训和技能提高,提高员工的安全意识和技能。

四是不断完善和改进安保预案,以适应不断变化的安全形势。

总之,托育机构安保防卫工作是一项繁琐细致的工作,需要综合考虑各种因素,进行全面、科学、严谨的方案设计和实施,最终实现托育机构的安全管理目标,确保婴幼儿能够在安全保障下健康成长,让婴幼儿家长放心、安心。

第二节　托育机构环境安全及餐饮安全

案例导入

　　幸福里社区托育机构开业2个月后就遇到了一件不小的麻烦事。为保障婴幼儿的饮食安全,机构在设置之初就建了专门的厨房并配备了营养师,但正式营业后发现,实际选择入托的婴幼儿数量很少,每日为婴幼儿准备的营养餐几乎难以收回成本,加上支付营养师的工资,机构运营压力较大,于是打算暂停供给营养餐,选择用外卖的方式解决婴幼儿的午餐。但此法遭到了家长们的强烈反对,认为外卖的餐食既不营养更不放心。对此机构负责人王老师感到很是头疼,不知道托育机构餐饮安全管理方面有哪些具体要求与规范,外卖配送是否符合托育机构餐饮安全管理的要求。

　　安全是托育机构机构设置标准的底线,事关婴幼儿生命健康安全。托育机构环境安全是婴幼儿健康成长的重要保障,是托育机构为保障婴幼儿的生活和发展安全而提供的环境支持,包括物质环境安全与心理环境安全。

一、托育机构环境安全的重要性

(一)保护和促进婴幼儿的身体健康

　　婴幼儿身体发育尚不成熟,缺乏自我保护的能力,容易受到各种突发事件的影响,如跌倒、烫伤、感染等,托育机构安全环境的创设,可以有效预防和避免这类意外事故的发生。例如,设立栏杆、锁柜等设施可以大幅度降低婴幼儿跌落、误拿、误食等情况发生的概率;定期进行消毒、通风等工作可以减少传染病发生和传播的风险;制定食品卫生标准等措施可以保证婴幼儿食品的安全。因此,托育机构创设安全的环境,可以更好地保护和促进婴幼儿的身体健康。

(二)促进婴幼儿的心理健康

　　托育机构的环境安全也包括婴幼儿的心理健康,也叫情感安全。保育师开展回应性照护能够有效地建立起与婴幼儿之间的情感联结,为婴幼儿心理各方面的发育提供积极的条件,促进婴幼儿的心理健康成长。

(三)提高托育机构的工作质量

　　托育机构安全环境的创设可以提升整个机构的工作质量,安全环境的创设涉及托育机构管理中的方方面面,只有建立一个安全、稳定、健康的环境,托育机构才能更好地实现其服务托育的目标与任务。

(四)推动托育事业的整体健康发展

　　建设让家长放心、让婴幼儿开心的托育服务体系是国家发展托育服务事业的初衷之一,托育服务涉及的范围很广,其健康发展既需要托育机构自身建设过硬,也离不开政府的支持和引导。托育机构环境安全的建设是保护和促进婴幼儿健康的必要措施,同时也是提升托育机构工作质量和市场竞争力的重要手段,值得政府、家长和托育机构共同关注和推动。

二、托育机构环境安全创设与管理的原则

(一)安全第一原则

婴幼儿安全是托育机构环境安全的首要原则。托育机构应当在制定和执行环境安全规范与标准时,始终保持婴幼儿安全第一。这就意味着,在机构的任何决策和行动中,都必须优先考虑婴幼儿的安全和利益。托育机构应当制定完善的安全制度和实施方案,对可能危害婴幼儿安全的因素进行预防和干预,并确保机构内的所有员工都熟悉并遵守机构的安全规范和标准。只有以婴幼儿的安全为中心的安全管理,才是真正的可持续性安全管理。

(二)综合性原则

托育机构的环境安全创设必须注重综合性。综合性指在保证婴幼儿的人身安全的前提下,考虑婴幼儿的身体和心理需求,使得婴幼儿能够在一个健康、舒适、丰富、开放的环境中成长。托育机构的环境安全创设应从室内、室外、师幼关系、家园关系等各个方面考虑婴幼儿的需求,并建立一套系统、完善的环境安全管理制度。同时,针对不同月龄段的婴幼儿,还应根据其生理和心理特点进行差异化的环境布置与管理。

(三)科学性原则

托育机构的环境安全创设必须注重科学性。科学性是指基于科学、实证的方法和理论,建立符合婴幼儿发展需要的安全机制、规范和标准。环境安全的创设需要科学的知识和专业的技能支持,针对每一种安全问题,需要制定出切实可行的解决方案和实施计划。同时,托育机构还应不断吸纳行业内的先进经验和方法,不断提升自身的安全环境创设水平。

(四)可持续性原则

托育机构的环境安全创设必须注重可持续性。可持续性是指对于安全创设的长期性、全面性和可维持性的考虑。托育机构的环境安全创设不应仅仅是解决当前的问题,而应贯穿于整个机构的生命周期。为了实现可持续性安全创设,机构需要建立一套完整的安全管理机制和适应性保障措施,不断总结和改进安全管理经验,确保机构能够在不断变化的安全环境中逐渐发展壮大。

(五)积极预防原则

托育机构的环境安全创设必须注重积极预防。积极预防是指在安全创设中,采取各种措施和手段,尽可能预先防范各种安全事故的发生。积极预防包括预测性分析、风险评估、危险源识别、制定安全管理制度和安全应急预案等一系列手段。在托育机构环境安全创设中,积极预防应是安全创设的核心。托育机构应采取先进的思维方式,将预防措施纳入机构安全文化中。

(六)科技创新原则

托育机构的环境安全创设必须注重科技创新。科技创新是指运用现代技术手段,推动安全创设的科技化和智能化。在托育机构安全创设中,可以采用贯穿整个机构的安全监控和智能化的安全设备,

094

比如视频监控、火灾监测、防盗报警等。这些设备可以及时发现和预警各种安全隐患,提高安全管理的智能化程度。同时,科技创新应与机构管理和安全文化相结合,探索机构安全管理的新模式和新理念,推动机构安全创设的科技化、可持续化和智能化。

托育机构的环境安全创设需要遵循多项基本原则,这些原则从不同角度和方面考虑了托育机构的安全需求和管理要求,可以帮助托育机构建立全方位、可持续的安全机制,保障婴幼儿在托育机构中安全健康地成长。

三、托育机构环境安全创设及管理的内容与方法

(一) 物质环境

托育机构的物质环境是指从事婴幼儿生活照护、教育和游戏活动所必需的所有硬件条件,包括托育机构内的房舍、庭院、运动游戏场地、绿地以及有关的设施设备等,这些显性环境的组合、形式、布局和布置都应该满足婴幼儿发展和学习的需要。

物质环境创设是托育机构中一项重要的工作,机构需根据婴幼儿的年龄、性别、兴趣、特点、需求等,结合早期发展的理念、目标和要求,经过科学规划,有计划、有组织地布置和管理,为婴幼儿提供一个安全、舒适、丰富、适宜且有利于支持其学习、探索的成长环境。

1. 安全卫生和环保

安全卫生和环保是托育机构物质环境创设中最基本的要求,也是最重要的要求。托育机构需要有科学的防疫制度和相关的设施设备,保障婴幼儿的身体健康。例如严格、规范的清洁和消毒措施,标准化的用电、用水和通风设备等。此外,还应优选、使用环保材料,营造绿色环保的氛围,尽可能减少废弃物的产生和排放,引导婴幼儿爱护环境,培养初步的环保意识。

2. 托育机构功能区域的规划

托育机构环境的设计与规划应考虑不同月龄婴幼儿的发育特点及需求,创设生活区、益智区、角色游戏区、语言区等不同功能的区域,满足婴幼儿个性化的发展需求。在空间的设置上,应尽可能避免过多的异味和噪声,托育机构应该清新、安静、宽敞明亮、温馨舒适。

3. 游戏玩具的选择与布置

对于托育机构来说,富有吸引力、刺激婴幼儿主动探索的游戏玩具能起到更好的教育作用。游戏玩具的数量、类型和风格应该根据不同月龄段、婴幼儿的兴趣和特点进行配置与投放。保育师应为婴幼儿创设一个安全卫生、丰富多彩、有助于探索的游戏环境。在进行游戏玩具投放时,应对游戏玩具进行分类放置,有助于婴幼儿更快、更直接地融入游戏活动。

4. 托育机构布置的灵感来源

托育机构室内外空间的布置与婴幼儿的日常生活息息相关,在创设中要做到生活化、童趣化、审美化,托育机构室内外的环境布置既要有家的温馨,又要符合婴幼儿的认知水平和审美需要。

5. 针对特殊需要婴幼儿的环境创设

对于一些有视觉、听力、身体障碍等特殊需要的婴幼儿,托育机构需要针对其实际需要,对环境创设进行特殊处理,确保这些婴幼儿能与普通婴幼儿一样在机构里安全、舒适、自主地生活与学习。

(二) 心理环境

所谓心理环境,是指托育机构物质环境、文化环境、人际关系等因素构成的特有的心理氛围。心理环境是一种隐性的教育因素,强调环境中人的感受和心理状态。在托育机构中,保育师所营造的心理氛围和对婴幼儿的态度都会对婴幼儿的情感、意志和行为产生潜移默化的影响。创设良好的心理环境

可以促进婴幼儿的心理健康和积极社交能力的发展。

1. 营造温馨有爱的园所氛围

当前很多家长不放心将婴幼儿送至托育机构的原因之一是担心孩子年龄太小,不适应托育机构的生活。因此,托育机构在环境建设过程中要注意与家庭紧密联系,在托育机构内营造出温馨有爱的、类似家的园所氛围。比如开展一些家庭日常模拟活动,如洗衣、煮饭、打扫等生活活动,帮助婴幼儿尽早适应托育机构的生活环境。

2. 提供富有创意、挑战性的活动

提供富有创意和挑战性的活动可以帮助婴幼儿探索和拓展自己的语言、认知、社交和情感能力。托育机构可以开展各种有趣的活动,比如游戏、故事时间、音乐和运动活动,以提高婴幼儿的兴趣和愉悦感。

3. 建立稳定、和谐的师幼关系

师幼互动是建立师幼稳定情感纽带的关键手段,托育照护人员要能及时识别婴幼儿的各种需求并给予及时、有效的回应,提升与婴幼儿互动的质量,营造有归属感的环境,逐渐建立起稳定、健康、和谐的师幼关系,帮助婴幼儿形成安全依恋,这对婴幼儿的情感安全来说非常重要。

4. 提供个性化的服务

针对不同婴幼儿的成长特点和需求,托育机构可以提供个性化的服务。个性化的服务可以更好地促进婴幼儿的成长,帮助他们发掘自己的优势和弱点,不断建立自信,增强自信心和自尊心。

5. 建立积极、和谐的家园关系

从家长进入托育机构咨询时起,家园关系就开始建立了,当家长把孩子送入托育机构开始生活时,家园关系就进入了持续的建构中。积极、和谐的家园关系是婴幼儿健康成长的必要条件。家长应向托育机构反映婴幼儿的现状和照护需求,托育机构应指导家长正确理解婴幼儿、开展科学的照护与教育活动并帮助家长缓解家庭育儿压力。亲子活动的开展有利于促进托育师和家长之间的沟通,托育师指导家长开展亲子活动的过程可以使得双方建立起双向的积极交流,共同促进婴幼儿的健康成长。

综上,心理环境对于托育机构、家长和婴幼儿来说都是非常重要的。通过营造温馨有爱的园所氛围、提供富有创意和挑战性的活动、建立和谐的师幼关系和家园关系等,托育机构可以为婴幼儿创设积极、稳定和愉悦的心理环境,从而促进其身心健康发展。

四、托育机构餐饮安全管理中的常见隐患

孩子在托育机构吃得好不好、喝得好不好是家长最关心的问题之一,也是托育机构安全管理的重要组成部分。托育机构餐饮安全管理的常见隐患主要出现在以下 3 个环节中。

(一) 食品采购环节

1. 供应商的选择

托育机构的餐饮供应一般都包括选购原材料、半成品或完成食品的制作。因此,要确保食品供应商提供的产品安全性高、质量稳定,则需要对供应商的有关质量、规范等情况进行分析、排查与评估,选择出合适的供应商。

2. 食品的保质期和储存条件

食品保质期的选择必须牢记婴幼儿的生理特点以及食品存放的卫生要求,以确保婴幼儿食用时的安全性。超保质期的食品必须在清点后及时淘汰处理,以免发生食品安全问题。

食品安全储存需要注意以下 4 点:①食品仓库要保证干燥、阴凉、通风,防潮、防低温;②食品需避免太阳直射,置于温度过高的存放位置;③不同种类的食品应当分开放置,以防交叉污染;④在食品储

存环境适宜且在保质期内的情况下,保持食品处于正常的储存状态,避免长时间放置。

(二) 食品加工环节

1. 厨房的清洁卫生

托育机构的餐饮安全管理中,厨房的清洁卫生是婴幼儿饮食健康的关键。做好厨房清洁卫生既要避免食品交叉污染,还要避免病原体的感染。因此,厨房清洁卫生的规范执行、整个食品加工和储藏过程的清洁卫生,对婴幼儿健康饮食起着至关重要的影响。

2. 食品的加工流程

托育机构食品加工流程主要包括食品的清洗、切配、烹饪、成品保存和餐饮器具清洁消毒等过程。食品加工人员工作时应确保身体健康状态,患有国务院卫生行政部门规定的有碍食品安全疾病的人员,不得从事接触直接入口食品的工作,以免产生交叉污染。

(三) 食品配送环节

1. 运输环境

运输环境的影响因素有很多,例如人员交通、车辆状况和通风条件。配送食品的工作人员应时刻关注运输信息,避免在此环节出现质量和安全问题。

① 发货人员须确保食品的储存满足托育机构安全储存的要求。

② 配送人员要提供有效的膳食配送路线记录和相应的食品储存温度。

③ 配送人员需要经过专业的培训并且使用运输车辆保证配送食品的安全性,防止造成食品交叉污染。

④ 配送和收货时,工作人员应注意查验并如实记录食品的标识、保鲜状态和温度等信息。

2. 食品储存、保鲜状态和质量检测

对托育机构来说,充分管控食品质量非常重要,必须严格控制储存、保鲜、品质检测等工作,以确保婴幼儿食品的质量和安全。

① 记录:准确、如实记录制作时间和储存时间。未经封闭或容易污染的食品不允许进行储存。

② 质量检测:在食品储存过程中,托育机构需要每三天对食品储存状态进行一次检测,以确保食品质量符合相关规定。

③ 保鲜:食品保鲜的常见方法有真空包装、低温冷藏和冷冻、盐腌、脱水、巴氏灭菌等。在确保食品质量无问题的基础上,需要根据食品的性质和实际情况选择恰当的保鲜方式确保食品质量。

托育机构餐饮安全管理中常见的隐患比较多,食品供应商的选择、食品储存条件的保障、食品加工流程的严格控制、食品配送的规范要求以及食品的质量检测都是每个托育机构餐饮后勤部门需要重点关注的环节。这些环节与婴幼儿的饮食健康密切相关,一旦出现问题,将会对婴幼儿的健康造成严重的影响。

📋 知识拓展

托育机构食品安全要求

第五十七条 学校、托幼机构、养老机构、建筑工地等集中用餐单位的食堂应当严格遵守法律、法规和食品安全标准;从供餐单位订餐的,应当从取得食品生产经营许可的企业订购,并按照要求对订购的食品进行查验。供餐单位应当严格遵守法律、法规和食品安全标准,当餐加工,确保食品安全。

学校、托幼机构、养老机构、建筑工地等集中用餐单位的主管部门应当加强对集中用餐单位的食品安全教育和日常管理,降低食品安全风险,及时消除食品安全隐患。

节选自《中华人民共和国食品安全法》(2021 年 4 月 29 日第二次修正)

五、托育机构餐饮安全管理的措施

（一）建立专门的饮食安全规章制度

一个托育机构,要想餐饮安全得到有效的管理,首先需要建立相应的饮食安全规章制度。饮食安全规章制度主要包括托育机构餐饮安全的制定、规范、具体细则等方面。托育机构在制定规章制度的过程中,需要考虑到实际情况,将规章制度制定得具体合理、切实可行,比如根据配料采购、食品消毒、餐前检查等环节制定相应的规章制度,保障餐饮安全得到有效管理。

（二）设立专门的餐饮安全管理部门或岗位

为了更好地管理托育机构的餐饮安全,需要设立专门的部门或岗位,该部门或岗位负责整个餐饮管理的日常工作,包括食品采购、食品加工、食品保存、餐前检查、餐后清洁消毒等。该部门可以由托育机构的主管人员或特别设置的管理人员担任,可以设置相应的岗位角色,明确职责,从而保证管理的专业化和系统化。

（三）引入先进的设施设备

托育机构在餐饮管理中还需要考虑到其设施设备的适宜性,设施设备的好坏也是影响食品安全的因素之一。因此,在餐饮管理中引入先进设备,比如餐具消毒机、蔬菜清洗器、蒸烤箱等,使得设备的使用更为安全、可靠,减少了手工操作可能带来的隐患和风险。

（四）做好饮食安全的员工培训

对于托育机构餐饮安全来说,员工培训也是尤为重要的一环,应定期对从业人员进行食品安全知识的培训,增强其安全意识。在培训中应对从业人员的卫生习惯、衣着要求、设施设备使用、食品安全、食品区分等各方面进行培训,确保从业人员具有应对餐饮安全风险的能力。

（五）做好餐前检查工作

托育机构需要在对婴幼儿进行食品供应之前开展食材的餐前检查。在检查过程中,根据卫生监督部门的相关规定,结合食品的不同特性,提前确定可能存在的问题内容,制订详细的检查表并对检查结果进行严格管理和如实记录。

（六）做好食品消毒工作

对食品进行清洁消毒,是托育机构餐饮安全管理中最基本的要求。消毒能够有效地减少病原体的数量,延长食品的保质期。托育机构应当根据食品的不同特性,采用不同的消毒方法,如对蔬菜类食品,可以使用紫外线、臭氧、过氧化氢等多种消毒方法,而对于其他传播病菌食品,则应采用高温杀菌等方法。

（七）做好食品储存工作

托育机构应重视食品的储存工作,保证食品在储存的过程中不受外部环境和存储方式的影响。托育机构应采用易清洁、密闭、防潮、温度控制合适的存储器具进行食品的保存,并对存储器具进行定期检查和消毒,以确保食品不受污染。

（八）做好食品采购工作

食品采购是托育机构餐饮安全管理的重要环节。托育机构在进行食品采购的过程中，应该结合本地食品市场的情况，注重食品质量和安全，从具有合法经营许可证和食品检验合格证的商家采购，并进行验收和记录。

托育机构餐饮安全管理是一项非常重要的工作，其管理措施的实施离不开规章制度的建立、专门部门的设立、先进设备的引入、员工培训、餐前检查、食品消毒、食品储存、食品采购等多方面的配合工作。只有这些方面都得到合理、有效的应用，托育机构才能够真正保障婴幼儿的饮食安全。

第三节　托育机构安全看护与伤害预防

案例导入

星星雨托育机构最近发生了一件大事，托小班的一名幼儿在午睡时不慎从床上跌落下来，头部刚好撞到凳子上，送往医院后缝了9针，家长十分气愤，选择了报警。警察调取监控录像时发现，事发期间班上3名保育师都在低头玩手机，没有起到安全看护的职责。接下来，等待3名保育师和托育机构的将是严肃的处理。你认为该托育机构服务人员王老师接下来在安全看护方面应该采取哪些措施才能防止类似情况的再次发生？

意外伤害是婴幼儿面临的重要健康威胁，婴幼儿意外伤害的发生与其自身生理和行为特点、被照护情况以及环境等诸多因素有关。托育机构应该最大限度地保障婴幼儿的健康与安全，切实做好安全看护和伤害预防的工作，将意外伤害风险降至最低，真正让家长托得放心、托得安全。

一、托育机构中常见意外伤害的类型

尽管托育机构在保障婴幼儿安全方面做了大量的工作，但在日常运营过程中，仍然难免会发生一些意外伤害事件，这些事件不仅会对婴幼儿的身体健康造成影响，还可能对他们的心理和情感产生长期的影响。托育机构中常见的意外伤害类型有以下7种。

（一）跌倒和擦伤

婴幼儿在托育机构内外爬行或走路时，因为地面不平、摆设过多、玩具杂乱等原因，容易被绊倒、撞倒或摔倒，摔倒时还经常伴随擦伤。

（二）烫伤

托育机构内使用的热水瓶、保温杯、饮水机等热容器，以及热水龙头、煮饭炉、烤面包机、热粥、热汤等均有可能成为婴幼儿的烫伤来源。

（三）气道异物

婴幼儿舌头和口腔肌肉发育较弱，容易将小玩具、小饰品、碎屑等误食或误吸，导致气道阻塞，引起窒息。婴幼儿一旦发生气道异物梗阻，情况是十分危急的。

（四）溺水

婴幼儿在托育机构内外可能接触到的水源（如水池、塑料泳池等）或水上玩具，都可能成为婴幼儿溺水的潜在隐患。

（五）刺伤和割伤

托育机构内使用的玩具以及婴幼儿手工活动所用到的剪刀等工具都有可能成为婴幼儿刺伤和割伤的来源。

（六）电击

托育机构内的电器、音响设备等，由于电线暴露、插头不严、接口线路松动等原因都可能导致婴幼儿受到电击。

（七）爆炸

托育机构内使用的设备，如煤气炉、热水器、热水袋等，也存在爆炸和气体泄漏的风险，可能导致婴幼儿受伤。需要注意的是，这些情况并不能穷尽所有婴幼儿意外伤害的可能性，托育机构应该采取有效措施降低潜在风险。

二、托育机构意外伤害事故发生的原因

（一）人为因素

1. 工作人员操作不规范

托育机构的工作人员可能出现一些敷衍了事、马虎大意、安全意识淡薄等问题，以至于没有注意到婴幼儿可能存在的安全风险。例如，没有及时擦拭地面上的积水或整理好玩具，或是没有给玩具消毒等。

2. 工作人员不够认真和负责

一些托育机构内的工作人员因工资少、工作压力大，对婴幼儿照护不周、不细心，可能出现急于完成事情或以一种"马虎"态度对待婴幼儿的情况。例如，没有注意到婴幼儿在高处玩耍、没有及时照顾婴幼儿，或是对婴幼儿身体的异常的反应未觉察等。

3. 存在的隐患没有及时消除

托育机构的管理层也可能出现对一些安全隐患的认知度缺乏的情况，以至于没能及时消除隐患。例如，没有及时更换可能存在摔跤危险的坐便器、具有潜在危险的玩具，或是未及时增补安全标志等。

4. 婴幼儿之间的行为模仿

爱模仿是婴幼儿的天性，托育机构内的婴幼儿之间会不可避免地相互模仿和学习，一些婴幼儿的不好习惯也可能对其他孩子产生不良影响，如抢玩具、打人等攻击性行为。

（二）生理因素

1. 婴幼儿生理发育未成熟

婴幼儿的生理发育尚未成熟，身体动作不协调、不灵敏，因此在托育机构中也容易发生一些意外伤害，例如摔伤、割伤、烫伤等。

2. 婴幼儿免疫力薄弱

由于婴幼儿的免疫系统还未完全建立，抵抗病菌的能力较弱，耐受力较差，更容易受到细菌、病毒的侵害，例如诺如病毒、肠病毒感染，引起呼吸道感染、腹泻、发烧等。

3. 婴幼儿的认知和反应能力较差

婴幼儿的认知和反应能力是有限的，不能像成人一样能提前预判、规避危险，所以在机构中遇到危急情况时躲避、逃生等应对能力较差，容易出现意外伤害。

（三）环境因素

1. 室内环境问题

室内环境可能存在诸如地面湿滑、电线露出、水龙头温度过高、家具异味等问题，这些情况可能对婴幼儿的安全构成威胁。

2. 室外环境问题

室外环境也可能存在一些问题，例如野生动物的出现、鹅卵石或沥青的道路、石头堆、枯枝落叶等都可能对婴幼儿的安全构成威胁。

3. 空气污染问题

空气的质量问题也会影响婴幼儿的健康。例如空气污染、化学物质、有毒气体等，都可能对婴幼儿的身体造成不良影响，甚至导致婴幼儿出现呼吸困难等问题。

4. 不可预测的灾难

火灾、地震、滑坡、雷电、传染病等不可预测的灾难，也是造成婴幼儿意外伤害发生的原因之一。

（四）管理因素

1. 安全管理存在缺陷

托育机构的有效管理是婴幼儿安全的重要保障。一些不规范的管理或是缺陷，例如安全警示标志、巡查制度、消毒制度的缺乏都可能对婴幼儿安全造成威胁。

2. 规章制度不完善

托育机构完善的规章制度能有效保障婴幼儿的安全和健康。机构负责人和员工职责明确、制度完善、资质认证制度和安全培训到位，能更好地保障婴幼儿的安全。

3. 人员管理不到位

托育机构中的人力资源管理是否到位，对婴幼儿安全也将产生重要的影响。如果招募人员缺乏严格的资质认证、员工流动性过大或是工作时间过长，则可能对婴幼儿安全造成威胁。

三、托育机构安全看护与伤害预防的措施

针对上述托育机构中意外伤害发生的类型与原因，托育机构要努力做好安全看护与伤害预防工作，尽力将意外伤害发生的概率降至最低，努力保障婴幼儿的身心安全和健康。

（一）明确团队建设目标与岗位设置的要求

托育机构的人员安排直接影响着婴幼儿的安全。首先，托育机构应对员工进行认真而细致的筛

选,确保所招募的员工具备合格的职业素养、技能和经验。同时,托育机构还需合理确定相关岗位职责,明确任务分工,确保担任不同职责的人员具备不同的职业技能和责任意识。具体参考措施如下:

① 招聘合格的员工。招募员工时,应该仔细筛选具有相应知识、技能和经验的候选人,对于持有相应合格证书的人员要予以优先考虑。

② 岗位职责划分。对于不同的工作人员,应根据其专业特长、能力及职业素养等,合理划分岗位,明确责任分工。

③ 培训与考核。对于新进员工,应及时进行业务培训,讲解托育机构的工作流程以及注意事项;对于老员工,应定期进行专题培训,并开展考核与评估。

④ 制定工作规范。托育机构各岗位应制定相应的工作规范,要求员工严格遵守操作流程和安全操作规程。

(二)场所设施设备安全管理

托育机构场所设施设备的合理布局和安全管理,能有效保障婴幼儿的安全。设施条件是托育机构安全看护和伤害预防的重要方面,应当满足以下条件:

① 场所面积和构造。场所的面积应根据婴幼儿的人数和年龄状况确定,室内和室外区域分明、布局合理,保证婴幼儿有足够的活动空间,同时给予一定的私密空间。

② 婴幼儿用品及环境。婴幼儿玩具、用物应符合婴幼儿的年龄和需求,且经过严格的检验和认证,不能对婴幼儿造成危害。室内外区域应当设立医疗急救箱和相关防护措施。

③ 门禁防护。托育机构应加强门禁管理,防止婴幼儿外出危险或不明情况人员进入托育机构内等情况发生。

④ 卫生环境和照明设备。托育机构应定期对设施设备及环境进行卫生清洁和消毒处理,并安装适宜的照明设备,以保障托育机构环境的清洁和安全。

(三)建立并完善安全管理制度

建立完善的管理制度是托育机构安全看护和伤害预防的基础与保障,安全管理体系涉及多方位、多方法,在具体实施中应当注意以下4点:

① 完善管理制度。托育机构应制定涉及行政、法律、业务、教育、财务、检察和宣传等多方面、完善的安全管理制度,防止各类问题的发生,形成"从严治园"机制。

② 随时巡查。托育机构应设立专门的巡查岗位,对场所设施设备和婴幼儿活动区域进行随时巡查,便于及时发现、处理问题。

③ 健全考核机制。定期开展托育机构内部员工安全管理考核,对考核不合格的员工应加强培训和约束,必要时给予适当惩罚。

④ 明确责任分工。托育机构应当健全责任链条和目标制定流程,确保相关的工作人员和管理人员能切实维护婴幼儿的合法权益,保障婴幼儿的生命安全和身心健康。

(四)提升员工应急处理能力

托育机构安全看护和伤害预防的应急处理能力是安全管理的关键,及时有效的救援是判断一个托育机构是否安全的重要标志。应急处理的参考措施包括以下3个方面:

① 应急设备和人员。托育机构应在园内配置急救设备和人员,确保一旦发生突发紧急情况,能够及时采取有效措施,消除安全隐患,减少人员伤害。

② 预警机制和演练。托育机构应建立有效的预警机制,确保在发生重要或紧急情况时,员工能快速处理、正确应对。除此之外,托育机构还应定期开展应急演练,不断提升员工的应急处置能力。

③ 应急处置流程。对于可能出现的突发事故,托育机构应切实加强应急处理流程的制定和完善,

确保能够对婴幼儿和员工进行及时救助和安置。

（五）提升师资家园共育水平

婴幼儿家长是托育机构重要的合作伙伴,家长和托育机构保育师的沟通与配合可以达到相互促进的效果,能够协同托育机构的安全管理和伤害预防工作。

① 信息交流。保育师利用家长每日接送婴幼儿入园、离园的时机或定期组织召开家长会,将有关的安全信息和应急处理流程对家长进行宣传。

② 家长指导。通过多种形式对家长进行安全知识宣传和安全技能培训,提高家长在婴幼儿照护中的安全意识和行动技能,帮助家长及时发现、了解婴幼儿的特点和需求,为婴幼儿的健康发展提供有效的指导和支持。

③ 双向反馈。建立家长反馈系统,托育机构及时处理家长的反馈意见和建议,有效提升家长的参与度和托育机构的反馈效果。

托育机构的安全管理是一个永恒的话题,需要全体托育机构从业人员乃至整个社会的共同努力,共建与优化安全、健康的成长环境,助力婴幼儿健康成长。

单元小结

安全管理是托育机构组织管理的底线,也是婴幼儿家长最为关切的问题,包括消防安全、安保防卫、环境安全、餐饮安全、安全看护、伤害预防。托育机构安全管理是一项繁琐细致的工作,安全管理体系涉及多方位、多方法,需要综合考虑各种因素,进行全面、科学、严谨的方案设计和实施。

思考与练习

在线练习

一、单项选择题

1. 下列哪一项不属于安全管理的常见隐患?（　　）
   A. 员工消防安全意识缺乏
   B. 消防设备完善
   C. 消防通道设置不合理
   D. 灭火器材使用不当

2. 下列哪一项不是安保方案设计的环节?（　　）
   A. 门禁管理
   B. 安全巡逻
   C. 查看记录
   D. 应急预案

3. 托育机构环境安全创设与管理的首要原则是（　　）。
   A. 综合性原则
   B. 安全第一原则
   C. 科学性原则
   D. 可持续性原则

4. 下列哪一项不是托育机构餐饮安全管理中的常见隐患?（　　）
   A. 食品采购环节　　B. 食品加工环节　　C. 食品配送环节　　D. 食品查验环节

二、判断题

1. 托育机构可以设置在"三合一"场所(住宿与生产、储存、经营合用场所)。（　　）
2. 托育机构消防安全管理的基本流程包括安全意识与安全氛围的建立、消防安全组织机构的建立、消防设施的建设和维护、教育与培训。（　　）
3. 托育机构的设施设备安全、日常卫生安全、食品安全、防护安全等都属于环境安全的范畴。（　　）
4. 托育机构内不可能出现婴幼儿溺水的意外。（　　）

三、简答题

1. 托育机构安保防卫工作中的常见隐患有哪些？
2. 托育机构安全看护与伤害预防的措施有哪些？

四、实训任务

某托育机构近期处理了多起家长投诉老师事件，负责人陈老师焦头烂额，她开始重新审视机构师资的家园共育水平。请思考，陈老师应该如何指导保育师们提升家园共育水平？

第七单元
托育机构人力资源管理

　　本单元主要介绍托育机构岗位设置、人员配置以及团队建设等人力资源管理方面的知识,具体包括如何设置岗位与岗位职责,如何进行人员配置以及岗位培训,如何建设团队等具体内容,旨在帮助学习者更好地掌握托育机构人力资源管理的流程与要求,为今后从事托育机构管理工作打下基础。

学习目标

知识目标

1. 了解托育机构岗位设置的依据与原则。
2. 知道托育机构人员配置的依据与岗位职责。
3. 知道托育机构团队建设的内容与价值。

能力目标

1. 掌握托育机构岗位设置的方法。
2. 学会制定托育机构人员配置方案。
3. 掌握托育机构团队建设以及员工激励的方法。

思政目标

1. 能够根据具体实情灵活地进行托育机构岗位设置。
2. 具有团队意识,充分认识到团队建设的价值。
3. 坚持以爱育爱,在团队建设中能够真正关爱从业人员。

内容结构

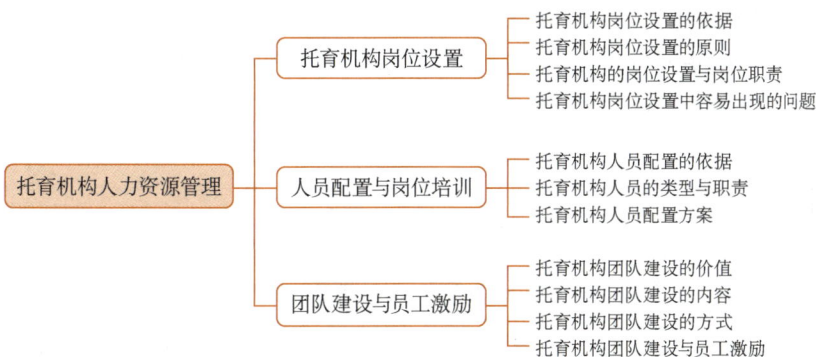

第一节　托育机构岗位设置

案例导入

梦梦正在创办一家托育机构,计划是在装修的同时招聘师资,但在招聘网站上填写招聘岗位、岗位职责的时候才意识到没有仔细考虑过这个问题。梦梦随即参考了其他托育机构的招聘信息,结果发现,各个托育机构设置的岗位与要求都不太一样,有些是参考幼儿园的岗位设置要求,有些是参考早教机构的岗位设置要求,一下子不知道该参考哪个好了。你认为梦梦应该了解托育机构岗位设置方面的哪些知识? 不同岗位的职责应该怎么进行确定和区分? 岗位设置中有哪些需要注意的地方?

岗位设置是实现托育机构管理目标和管理职能最重要的手段与工具之一。托育机构岗位设置应该注意形成相互联系、支撑的整体系统,以便发挥各岗位的最大效能,提升组织管理效率、提高托育服务质量。

一、托育机构岗位设置的依据

托育机构岗位设置是否科学合理关系到托育机构的运行效率和照护服务质量,是托育机构建设与发展中必要的环节。托育机构岗位设置是根据服务职责、岗位职责和工作标准等要素将不同的照护工作职能归类成为不同岗位名称,以便于组织管理和工作分配,合理的岗位设置能够有效提升托育机构的工作效率和服务质量。

(一) 国家相关法律法规的要求

托育机构的岗位设置受到国家相关法律法规的约束,例如国家卫生健康委颁发的《国务院办公厅关于促进 3 岁以下婴幼儿照护服务发展的指导意见》《托育机构设置标准(试行)》和《托育机构管理规范(试行)》,以及《托育机构婴幼儿喂养与营养指南(试行)》《托育机构婴幼儿伤害预防指南(试行)》等,这些法规要求托育机构必须要有专业的从业人员来提供专业的服务,并对托育机构的服务标准等作出了具体的规定。此外,《中华人民共和国家庭教育促进法》中对家庭教育指导工作也作出了要求,这些要求都需要在岗位设置中得到体现。

知识拓展

第四章　人员规模

第十八条　托育机构应当根据场地条件,合理确定收托婴幼儿规模,并配置综合管理、保育照护、卫生保健、安全保卫等工作人员。

托育机构负责人负责全面工作，应当具有大专以上学历、有从事儿童保育教育、卫生健康等相关管理工作3年以上的经历，且经托育机构负责人岗位培训合格。

保育人员主要负责婴幼儿日常生活照料，安排游戏活动，促进婴幼儿身心健康，养成良好行为习惯。保育人员应当具有婴幼儿照护经验或相关专业背景，受过婴幼儿保育相关培训和心理健康知识培训。

保健人员应当经过妇幼保健机构组织的卫生保健专业知识培训合格。

保安人员应当取得公安机关颁发的《保安员证》，并由获得公安机关《保安服务许可证》的保安公司派驻。

节选自《托育机构设置标准(试行)》

（二）托育机构的规模以及服务内容的要求

托育机构的规模和服务内容是岗位设置的重要依据。托育机构的规模越大、服务内容越多，需要设置的岗位也就越多。例如，《托育机构设置标准(试行)》第二十二条就明确规定"独立设置的托育机构应当至少有1名保安人员在岗"，因此，这类托育机构的岗位设置就必须设置相应的安保岗位。一些规模较大的托育机构可能需要设置综合管理岗、保育照护岗、卫生保健岗、安全保卫岗等多个岗位，而规模较小的托育机构考虑规模以及降低运营成本，则可以将一些工作职能合并在某一个岗位里，一个岗位承担多项任务。

此外，托育机构的服务内容也是岗位设置的重要依据，例如有些托育机构除了提供日间托育服务外，在周末、节假日等也提供额外的照护服务，还有一些托育机构会招收有特殊需求的婴幼儿，由于服务内容、服务类型的不同在岗位设置上也会有所区别。

（三）托育机构从业人员职业发展通道的需求

托育机构岗位设置除了要按照相关法律法规的要求以及托育机构规模、服务内容外，还应该考虑到从业人员的职业发展通道。托育机构需要为从业人员提供多样化的机会和通道，使他们能够有机会向更高级别的职业岗位迈进。因此，托育机构岗位设置除了根据工作内容的不同进行岗位设置外，还要在同一岗位上设置不同的级别与职位，如助理、主班、主管等不同级别，让不同岗位的从业人员能够逐渐发展并提升自己的职业能力。

在托育机构岗位设置中，托育机构要根据自身实际情况进行合理的设计，基于国家相关法律法规的要求、机构规模和服务内容的要求、员工职业发展通道的需求等进行灵活的设置。

二、托育机构岗位设置的原则

（一）政策导向原则

依法合规经营是托育机构管理的重要指导思想，托育机构的健康发展必须遵守相关法律法规的要求与管理。同样，托育机构的岗位设置必须遵循国家法律规范的相关规定。因此，托育机构的岗位设置要按照国家卫健委2021年颁布的《托育机构设置标准(试行)》和《托育机构管理规范(试行)》中的相关要求设置相应的岗位。

（二）服务性原则

托育机构是为了满足家长照护婴幼儿的需求而设立的，其主要目的在于为婴幼儿更好地提供日间照护服务以及为家长提供教养指导服务。例如,为贯彻落实《中华人民共和国家庭教育促进法》中家庭教养指导的法律要求,托育机构应该设置家庭教养指导岗,主要负责开展家庭教养等指导服务活动,满足婴幼儿家长照护孩子的需求。

(三)管理性原则

托育机构的岗位设置需要设置相应的管理岗位,如财务管理、行政主管等,以保证机构的有效运营。同时,管理岗位要能够与其他职能岗位相互配合,确保机构的高效、稳定运行。

(四)创新性原则

随着托育行业的日臻规范,托育机构的服务也需要不断创新,以满足婴幼儿和家长的多元化需求。在岗位设置时,应该充分考虑创新性原则,设立科技研发岗位和市场拓展岗位,推动托育机构向更高效、智能化、个性化方向发展。

(五)可持续性原则

托育机构岗位设置的原则除了要满足婴幼儿与家长的需求外,还应该充分考虑托育机构的可持续性发展,设立一些对机构运营及其所提供的服务有重要意义的岗位,如课程研发岗、市场营销岗等,保障托育机构的可持续运营与发展。

综上,托育机构进行岗位设置时应该综合考虑政策导向原则、服务性原则、管理性原则、创新性原则、可持续性原则,并根据托育机构自身的特点与战略发展规范,相互协调,从而达到最佳效果。

三、托育机构的岗位设置与岗位职责

根据上述托育机构岗位设置的依据与原则,同时参照《托育机构设置标准(试行)》等文件要求,托育机构的岗位设置与岗位职责主要如下。

(一)托育机构的管理人员

托育机构的管理人员负责机构的整体规划、运营、管理和监督工作。在托育机构中,一般会设立机构负责人、副负责人、行政人员等职位。

1. 机构负责人

全面负责托育机构的运营和管理,对托育机构的管理工作进行统筹和协调,主要包括备案管理,如托育机构登记后的备案管理工作、终止托育服务后的备案注销工作;收托管理,如制定托育机构的收费标准、服务内容、收托婴幼儿的信息管理制度建设等;保育管理,如制定托育机构一日服务流程与标准;健康管理,如制定婴幼儿与工作人员的健康管理制度;安全管理,如建立完善的婴幼儿接送管理制度;人员管理,如建立工作人员岗位培训与定期培训制度、工作人员招聘计划等;监督管理,如加强党组织建设,积极支持妇联等组织开展活动。

2. 副负责人

协助机构负责人管理托育机构,负责托育机构的具体业务工作;协调和组织机构内的各部门协同工作,保障托育服务的正常进行;对各岗位的工作人员进行指导,检查、评估、考核并调配相关工作;深入班级,有计划、有目的培养、提高保教人员的业务水平,培养管理团队;及时了解托育行业新业态、新要求,推动托育机构各项工作的开展;负责人不在时,行使负责人岗位职责。

3. 行政人员

负责托育机构的日常管理工作,处理来访咨询、协调各部门工作进度,执行负责人和副负责人交办的相关工作；负责婴幼儿的收托管理，与婴幼儿家长签订托育服务协议等工作；协助负责人管理托育机构卫生保健工作、膳食安全管理工作，协助负责人管理财务工作等。

（二）托育机构的保育人员

托育机构的工作遵循保教结合的基本原则与要求，尽管托育机构也为婴幼儿提供早期学习与发展支持相关的早期教育服务，但实际上托育机构服务的基本特点是"以保为主、以教为辅、保教一体"，因此，保育照护是托育机构岗位中的重要岗位所在。托育机构的保育人员岗位职责主要包括如下内容。

1. 主班（班主任）

全面负责一个班级的日常管理工作，一般由日常生活管理、教育管理、班级财务管理、家园共育管理、班级间交流管理等组成，主要有全面了解班级婴幼儿基本信息，建立本班级婴幼儿的档案管理；负责婴幼儿一日活动组织，制订学期工作计划；负责家园教育指导工作，收集整理家园共育工作相关资料，及时归档；定期向负责人或副负责人汇报工作，接受检查和指导。

2. 配班

执行托育机构规章制度和服务流程、规范等要求，履行岗位职责；协助主班工作，参与、负责婴幼儿的生活照料、喂养、游戏活动组织与设计、照护服务日常记录与反馈等各项日常工作。

（三）托育机构的保健人员

托育机构的保健人员负责儿童的生活照料和护理工作，保障儿童身心健康和安全。在托育机构中，一般会设置保健人员岗位。其岗位职责具体如下。

全面负责托育机构中婴幼儿健康管理工作，包括对婴幼儿进行常规的健康检查，如身高、体重、视力、听力等方面的检查，并根据检查结果给予健康指导；制订并实施婴幼儿个人健康计划，检查记录婴幼儿的生长发育情况、健康状况和疾病预防接种情况；预防传染病的暴发，对疫苗接种进行跟踪和管理，及时发现并处理传染病病例或疑似症状，确保婴幼儿健康安全；为婴幼儿提供各种健康教育，包括饮食、生活习惯、心理健康等方面，提供健康咨询和健康促进计划；对发现婴幼儿的异常情况或疾病问题，及时向家长或机构负责人汇报并实施处理措施；参与策划和制定托育机构的健康管理制度和其他规章制度，并对其进行监督和落实，定期召开健康管理相关的会议；参与机构的卫生保健设施、器材的采购、使用以及定期的检测、维修和保养工作；提供健康素养方面的培训和指导，以提高机构其他人员的健康意识和卫生保健技能。

（四）托育机构的保安人员

依据《托育机构管理规范（试行）》要求，托育机构要建立健全的安全防护措施和检查制度，配备必要的保安人员以及物防、技防设施。保安人员岗位职责主要包括：严格执行值班制度以及外来人员进入托育机构的登记制度，对来访者做好情况调查、登记等工作；严防婴幼儿擅自离开托育机构，无特殊原因，婴幼儿一律不得单独离园；做好报纸、杂志、信件等收发登记工作；协助保育人员做好入园、离园的护导工作；定时巡视托育机构安全，发现安全隐患及时处理或向托育机构负责人汇报。

四、托育机构岗位设置中容易出现的问题

婴幼儿托育服务是一项需要高质量服务和高水平管理的工作，讲究科学管理的过程，一味地大而全或单纯地追求经济效益都会影响托育服务的质量和托育事业的发展。因此，托育机构岗位设置过程中需要注意避免以下问题。

问题一：岗位名称和职责不清晰。在岗位设置时，如果不明确各个岗位的名称和职责，容易出现混

淆不清的情况,导致各个员工之间工作重叠或缺乏协调配合,沟通渠道不畅,容易导致工作效率降低。

问题二:人员配置不合理。一些托育机构在人员配置时容易出现过多或过少的情况,导致工作效率低下或无法承担工作量。

问题三:岗位设置与工作需求不匹配。在岗位设置时,需要根据托育机构的服务内容与家长的托育需求进行合理制定,有些机构在岗位设置时可能会忽略对业务的了解,导致岗位设置不适应工作需求。

问题四:岗位晋升通道不清晰。在一些托育机构中,没有制定明确的晋升通道,导致从业人员的晋升机会很少,也影响从业人员的工作积极性。

问题五:岗位相关制度不完善。托育机构在设置各个岗位时,需要给出细致的工作流程和操作规范,特别是明确因过失造成后果需要承担的责任,减少错误和事故。

为了避免上述问题,托育机构在设置岗位时需要认真分析服务的内容与范围,根据托育行业和婴幼儿家长需求,制订清晰、有效的岗位设置计划,并综合托育机构实际情况不断调整和改进。同时,建议托育机构同时考虑从业人员的职业发展和福利保障,让从业人员有良好的工作环境和完善的职业晋升机制,这样能够提高员工的工作积极性。

第二节 人员配置与岗位培训

案例导入

某院校婴幼儿托育服务与管理专业负责人张老师走访托育机构时发现,不少托育机构在招聘员工时比较头疼,主要原因在于不确定人员到底该如何配置,以及不同岗位的职责该如何科学界定。于是张老师打算为托育机构制订一个人员配置与岗位职责的方案,但撰写时才意识到,由于托育机构类型不同、规模不同,这样的方案似乎很难奏效。你认为张老师在制定托育机构人员配置方案前需要掌握哪些条件? 人员配置与托育机构类型之间是否具有关联性? 不同类型托育机构人员配置有无共性?

一、托育机构人员配置的依据

托育机构人员配置的依据和要求是保障托育机构正常运行和提高托育服务质量的基础,科学、适宜的人员配置可以有效地提高托育机构的服务质量和管理水平。

(一) 机构规模

托育机构的规模是进行人员配置的首要因素,不同的规模需要不同的人力、物力和资金来维持机构的正常运行。托育机构规模分为小型、中型和大型,其中小型的托育机构,如家庭式托育点,往往只有2~5名从业人员,尽管规模小,但服务的功能和流程却必不可少,因此,小型托育机构从业人员的职责范围相对较广,需要高度的责任感和团队协作的能力;中型的托育机构一般有10~50人,需要配置专门的管理、保教、卫生保健等方面的人员;大型的托育机构人数较多,日常运行需要建立完善的管理机制,同时承担着更为复杂的管理、协调、安全等问题,必须配置足够的人员来应对托育服务工作的需求。

（二）业务范围

托育机构的服务范围是进行人员配置时要考虑的另一个重要因素。不同类型的托育机构特点不同，如有些独立式托育机构除了提供基本的日间照料外，还提供晚托、周末托以及一些特色的早期教育课程，在人员配置时既需要足够的保育人员来照顾婴幼儿的日常活动，又需要配置一些有专业特长的师资来满足早期教育课程开展的需要。再如，托幼一体式机构本身就配有保健医生、教师，只需要额外再增加一些保育人员即可。

（三）服务对象

托育机构服务对象的特点也是配置人员的依据之一。为不同年龄段婴幼儿提供照料服务，在服务的分工模式和方法上存在较为显著的差异。如招收 6~12 个月婴儿的托育机构，则其在乳儿班的人员配置上就需要更多的具有医护背景的人员，在师生比上需要达到 1∶3 的规定要求。

（四）政策法规

托育行业的人员配置还需要考虑到各项政策法规的影响，包括《中华人民共和国劳动法》《未成年人保护法》等。人员规模、工作时间、工资待遇、保险、劳动关系、人员安全等这些问题都需要同时考虑到。

二、托育机构人员的类型与职责

（一）托育机构人员类型

一般来说，托育机构需要配齐各种类型的员工来保障机构的正常运营，主要配置行政管理人员、保健人员、保育人员、保安人员等，具体的人员配置要结合托育机构实际情况进行灵活变化。

（二）托育机构的岗位职责分工

为了确保每个人员在机构中发挥最大的价值和效能，托育机构需要对各类人员的职责进行适当的规划和明确的划分。不同角色、不同职责的人员需要有明确的职责范围和工作目标，充分发挥各自的优势。

行政管理人员：主要负责机构管理及服务效果的评估，实现机构的目标管理和协调，促进机构健康发展。

保育人员：主要负责婴幼儿日常生活照料，安排游戏活动，促进婴幼儿身心健康，养成良好行为习惯。

保健人员：主要负责托育机构中的卫生保健工作。

保安人员：主要负责安全保卫和应急处置工作，保障婴幼儿与员工的人身安全，协助婴幼儿早晚的接送工作。

三、托育机构人员配置方案

（一）托育机构规模与人员配置的关系

托育机构的规模是决定人员配备数量的首要因素。根据《托育机构设置标准（试行）》，托育机构一般设置乳儿班、托小班和托大班，且与婴幼儿的比例要求分别为 1∶3、1∶5 和 1∶7。其中，乳儿班招收 6~12 个月的婴儿，招收人数在 10 人以下；托小班招收 12~24 个月的幼儿，招收人数在 15 人以下；托大班招收 24~36 个月的幼儿，招收人数在 20 人以下；18 个月以上的幼儿可混合编班，每个班不超过 18 人。因此，托育机构的人员配置要视规模而定，如一所托育机构设置乳儿班、托小班和托大班三个班级,按照师生比的相关要求,其保育人员的人数应控制在 9 人左右,具体要视实际招收人数情况而定,但必须满足《托育机构设置标准(试行)》中师生比的规定要求。

(二)班级数量与人员配备的关系

除了机构规模外,另一主要影响人员配备方案的因素是托育机构的班级数量。根据不同的班级职责和需求,人员配备需要相应调整和改进。

主要考虑两个方面的因素:一是不同年龄段班级开设的数量,如以开设乳儿班为主的托育机构,其师生比要求较高,在人员配备的数量要多于以开设托大班或混龄班为主的托育机构;二是除了正常发育的婴幼儿外,还有一小部分有着特殊需求的婴幼儿,因此,如果托育机构招收有特殊需求的婴幼儿,如感统失调、认知发育迟缓等,则需要配有特殊教育专业背景或工作经历的保育人员,专门为这些婴幼儿提供个性化的照料和服务。

(三)个性化服务与人员配备的关系

除正常发育和有特殊照护需求的婴幼儿,托育机构还可能会增设病患儿托育服务、夜间托育等个性化托育服务,尽量满足不同类型家庭的托育需求,在人员配备上需要更加专业化的人员。例如,开设病患儿托育服务的机构就应要求保健人员必须具有医药卫生类专业背景,经过妇幼保健机构组织的卫生保健专业知识培训且合格。

(四)提升服务质量与人员配备的关系

托育机构的服务质量、服务效率和服务负责度等方面需要不断提高和改善,这就需要不断增加专业人员和设备,以逐步满足婴幼儿和家长不断提高的服务要求。

1. 设立配套设备和资源管理部门

托育机构在发展中需要配置人员管理和维护设备,从而逐渐成为和谐的服务机构,需要配置设备管理员和软件管理者,根据运营需求配置维护人员等。

2. 提升员工专业素质的培训部门

提升员工专业素质是托育机构提高服务质量的重要保证。针对员工的专业培训和职业培训需要成为托育机构中的重要部分。此外,还需要配置人力资源管理者,不断推行培训职业培训计划,激发员工潜能和服务能力。

3. 服务婴幼儿、家长以及员工的后勤部门

除了服务好婴幼儿与家长的各种需求外,托育机构还需要关心、照顾好员工,如中型的托育机构应设置专门的后勤部门,负责托育机构所有婴幼儿、家长以及员工的日常生活需求。

第三节 团队建设与员工激励

案例导入

张女士是一名企业高管,生育孩子后便辞职做起了全职妈妈,有了抚养孩子的经验后对托育服务很感

兴趣,于是在家人的支持下开办了一家托育机构。因为张女士有着企业高管的工作经历,深知团队建设的重要性,在托育机构运营之初就开始着手团队建设,可在团队建设过程中发现,托育机构的团队建设与一般的企业或公司的团建似乎有些地方不太一样,但也说不上来哪里不一样,一时感觉非常焦虑。你认为托育机构的团队建设需要注意哪些问题?与一般性的公司团队建设有何不同?托育机构团队建设的方式有哪些?

一、托育机构团队建设的价值

托育机构团队建设是现代托育机构管理的关键和基础。建立一支高素质、高效能、团结协作的托育团队,可以提高托育机构的管理效率,提升托育机构的工作效率和服务质量,让托育机构更容易适应婴幼儿及其家长的需求变化。

(一) 有利于提高团队的凝聚力

婴幼儿托育服务工作涉及日常照护、安全看护、早期教育发展等内容,需要托育机构从业人员之间相互合作、协助才能够完成各项工作任务。在托育团队建设过程中,需要通过丰富的团队活动和培训课程,让员工了解彼此的性格、沟通风格和个人价值观,增强团队的凝聚力,高度认同团队的价值和使命感,同时也会增加他们的自我价值感,从而更加投入工作,提高工作效率和质量。

(二) 有利于提高团队成员的照护水平

在托育团队建设过程中,需要为员工提供相应的培训和学习机会,让他们不断提升工作技能和专业素养。这样,员工将拥有更多的工作技能和处理问题的能力,更好地应对不同的工作场景,更好地满足家长和婴幼儿的需求,提高照护服务质量。

(三) 有利于建立有效的沟通和反馈机制

有效的沟通和反馈机制对于托育机构的管理和服务质量至关重要。在托育机构团队建设过程中,需要建立起一套有效的沟通和反馈机制,让员工感受到公司的关注和尊重,能够更好地了解自己的工作表现和不足之处,进而改进和提高工作质量。这样,员工将更加积极主动地提出自己的观点和建议,并且更加认真地对待工作。

(四) 有利于塑造高效的工作团队

建设高效的工作团队对于提高托育机构的管理效率和服务质量至关重要。在实际工作中,需要通过优化工作流程、细化工作任务以及合理分配工作量,提升整个团队的工作效率,实现高效率的团队目标。

托育机构团队建设是提高托育机构管理和服务质量的重要途径。采取有益的团队建设手段和策略,可以提高员工工作效率和专业素质,促进团队的凝聚力和自我价值感,提高员工的满意度,并且消除沟通障碍,建立有效的反馈机制,使整个团队变得高效,进而真正实现提升托育服务的质量。

二、托育机构团队建设的内容

托育机构团队建设是托育机构管理和服务质量提升的重要途径。一般而言,托育机构团队建设主要包括以下5个方面内容。

（一）明确团队价值观和使命感

在托育机构团队建设之初就要明确和确立整个团队的价值观和使命感,这对团队建设而言至关重要,团队的价值观是团队成员共同认可的一些信念和理念,团队使命感是团队成员为达成共同目标和愿景所需要的一种重要的主观精神力量。团队的价值观和使命感的确立有利于团队成员更好地认同和接受团队的目标,从而增强团队凝聚力。

在确立团队价值观时,首先需要考虑的是托育机构的使命和愿景,以此为基础,确定托育机构团队的共同目标和核心价值观。例如,托育机构的使命是为了婴幼儿的健康成长提供最优质的托育服务,而其愿景是成为国内或区域内市场领先的托育品牌,那么托育机构团队的价值观就应该是以婴幼儿为中心,注重服务品质和员工发展,具有积极向上的工作态度和严谨务实的工作风格。

（二）打造、培养一支高素质的员工队伍

托育服务人员的素质水平在很大程度上决定了托育机构的服务质量,团队建设的核心任务之一就是建设、培养一支高素质的员工队伍。具体来说,托育机构员工队伍的建设与培养可从以下 4 个方面进行。

一是把好队伍建设的入口关。在托育机构人员招聘过程中要把好关,除了相应的学历证书、职业资格证书、工作经验等条件外,还要考察员工的综合素质,如团队协作意识、服务意识、人际沟通水平等,从员工团队建设的源头上把好第一关。

二是提升在职员工的职业水平。托育机构在职员工的培训一般有两种途径:一是通过内部培训、外部培训等各种培训方式让员工不断提升自己的专业素质和技能水平;二是通过组织人员或队伍参加各级各类的职业技能竞赛,或者自行组织托育机构内的比赛,通过比赛的形式来提升员工的职业水平。

三是建立职业发展通道。托育机构应该为员工提供合理的职业发展通道,让员工感受到企业的关注和尊重,能够看到职业发展的上升通道,激发员工的工作积极性。

四是建立员工激励机制。托育机构应该通过建立完善的员工激励机制,激发员工的工作热情,增强员工对机构的归属感。

（三）建立良好的沟通和反馈机制

良好的沟通和反馈机制是团队建设中的一项重要内容,有利于打造积极向上的团队工作环境,对提升托育机构管理和服务质量同样非常重要。主要包括 3 个方面:一是建立好沟通渠道,托育机构应该建立统一的工作沟通平台,保证员工之间的信息交流,协调工作进度并统筹工作中出现的问题,以便及时处理;二是建立双向沟通机制,团队建设应该鼓励员工主动发表自己的想法和观点,促进沟通和团队协作,并根据员工工作的表现,通过多种方式反馈员工的表现;三是建立有效的反馈机制,要注重为员工提供明确的工作标准和指导意见,同时建立员工绩效评估机制,及时反馈员工的表现,明确员工的工作重点和方向,使员工能够在工作中找到自己的定位。

（四）建立较为完善的考核机制

建立完善的考核机制是团队建设不可或缺的内容。考核机制主要是划定工作任务、培训计划、工作结果、绩效评估、奖惩机制等教育、管理范畴。托育机构团队建设建立完善的考核机制能不断激发员工的工作动力和激情,提高团队工作效率;鼓励员工在较短时间内实现工作任务及业绩考核;更好地促进团队成员之间的竞争、协作和和谐关系。

（五）建立风险管理机制

托育机构团队建设还需要建立相应的风险管理机制。为了使托育机构能够得到有效的风险控制,

应该从以下3个方面进行建设和实施。

一是人事风险管理。托育机构要提供高质量的托育服务,既需要从业人员具备较高的照护技能,还需要师资队伍具有较高的稳定性,其原因在于从业人员与婴幼儿之间情感关系建立需要一定的时间,从业人员流动性过大,会直接影响到婴幼儿的情感安全,因此,要尽量避免人员流动性过大。

二是财务风险管理。要建立明确的预算计划,盘点托育机构财务状况,根据托育机构自身情况合理规划团队人员规模和结构。

三是信息安全风险管理。婴幼儿信息的保密与安全是家长较为关心的问题,托育机构中所有婴幼儿及其家庭的信息都应该采用先进、适当、规范的数据采集、传输及存储方式,避免信息泄露,避免造成家长的不信任与误解,进而影响托育机构的声誉。

三、托育机构团队建设的方式

(一)团队建设的阶段

一般来说,可以将团队建设与发展的过程划分为5个阶段。

1. 初步建立阶段

此阶段是托育机构团队发展的起始阶段,成员之间还不相互熟悉,有些不信任,沟通不畅,甚至在一些观点上还存在一些分歧。在此阶段中,需要通过各种方式来建立彼此之间的信任和了解,以便更好地开展工作。

2. 冲突磨合阶段

当团队成员之间有了一定的了解后,在托育机构日常工作中团队成员之间经常会发生分歧和矛盾,甚至会出现冲突。在这个过程中,需要负责人及时化解成员矛盾,共同探讨合作方案,在达成共识的前提下,团队才能逐渐凝聚。

3. 规范确定阶段

经过相互磨合后,团队也已经形成了一定的规范和方式。在这个阶段中,需要定期整理归纳团队运作的规律,让每个人都明确自己的职责,以建立更加明确的成果导向和责任制度。

4. 平缓阶段

在这个阶段中,团队成员之间的关系已经比较稳定,团队中已经形成了稳定的规模,且对任务和目标有了足够的理解与共识。在这个阶段中,团队应该进一步加强团队内部的沟通,保持持续不断的学习,以更好地适应变化的环境。

5. 热情奋斗阶段

在这个阶段中,团队成就感和自我实现感持续提升,凝结出强大的凝聚力。在这个阶段中,团队应该坚定为婴幼儿健康护航的信念,充分调动团队的积极性和创意性,展开积极高效的托育服务,更好地实现团队的价值和使命。

(二)托育机构团队建设的方式

参照上述团队建设的5个阶段特点,托育机构团队建设要根据托育机构的特点、团队的实际情况以及团队建设的需求来进行灵活的建设,以下是一些常见的团队建设方式。

1. 团队建设培训

团队建设培训可以由托育机构自行组织,也可以聘请专业的团队建设培训机构代为培训,主要目标是了解团队成员的领导力、沟通技巧、协作能力和问题解决能力等等,帮助团队成员更好地了解彼此。

2. 团队建设活动

托育机构可以定期组织不同主题的团队建设活动,包括户外拓展、志愿服务、文化艺术等,具体要视团队人员规模而定,也可以开展一些专业研讨会、沙龙交流会,定期召开团队会议等,通过这些活动,可以增进团队成员之间的情感交流和互信。

3. 建立奖惩机制

建立合理的奖惩机制可以激发员工的工作积极性,增加个人和团队的成就感,但需要注意的是,一旦明确了奖惩机制,只要有员工达到或违反了规定就必须执行,否则将直接影响团队建设的效果。

4. 重视员工关怀和福利

对于托育机构团队来说,员工关怀和福利尤为重要。组织一些健康体检、文体活动、家庭团圆日等等,让员工感受到被关心和被重视,增强对机构或企业的归属感和荣誉感。

总的来说,无论采用何种团队建设的方式,最重要的是要让每个团队成员有归属感、责任感以及创新和进取精神。只有这样,才能让托育机构的团队更加紧密,工作更加高效,服务质量更加优秀。

四、托育机构团队建设与员工激励

(一) 什么是员工激励

员工激励是团队建设中的核心环节,指的是通过一系列手段和措施,来调动员工的积极性、创造性和责任感,提高员工工作效率和质量,达到团队建设目标的一个过程。一般而言,主要包括以下5种。

薪酬激励:包括基本工资、绩效奖金、年终奖金等。薪酬是一种重要的物质激励方式,能够有效地增强员工的工作积极性和责任感。

福利激励:包括社会保险、住房补贴、交通补贴、带薪休假等。福利可以提高员工的工作满意度和忠诚度,从而激励他们更好地完成工作任务。

培训激励:通过专业培训、技能提升、岗位轮岗等方式,使员工不断地提高自身知识和技能,提高工作质量和水平。

职业晋升激励:给予员工更多的晋升机会和发展空间,让员工感受到自身的价值和成长,从而提高工作积极性。

荣誉激励:通过评选优秀员工、颁发荣誉证书、设立光荣榜等方式,使员工感受到自身的价值和荣誉,从而激励其更好地完成工作任务。

(二) 托育机构员工激励的特点与方法

托育机构作为提供婴幼儿照料服务的机构,其员工管理相较于其他企业存在着不同的特点。

1. 特点之一:工作的性质决定了员工激励的要求

托育机构的员工主要从事婴幼儿日常照料、早期发展、安全看护等工作,这些工作比较特殊,因此员工激励的要求也与其他行业有所不同。

(1) 进修激励

婴幼儿托育服务尚处于发展阶段,还有很多需要探索和学习的地方,托育机构可以高校或职业培训机构的资源,安排员工参加各类培训,将进修、提升的机会作为一种激励手段。

(2) 质量激励

托育机构员工直接面对幼儿的生命健康和安全问题,因此对员工的业务素质、工作态度等方面有着较高的要求。托育机构需要制定严格的婴幼儿护理、保健、教育或安全管理规程,并对员工进行培训,如何正确地护理和照顾幼儿,以及如何处理突发的情况,如员工在实际工作中做到规范作业、做好家长的服务、保持工作记录等方面,托育机构可给予员工特殊的荣誉称号或经济激励。

（3）工资福利激励

托育机构员工的工资福利对员工来说是重要的激励手段之一。托育机构需要给予员工一定的薪资增长空间,同时可以考虑设立年终奖金制度以及春节、国庆等双薪福利制度,慰劳员工的辛勤工作,加强员工对托育机构的归属感。

（4）职业发展激励

托育机构可以设计合理的晋升通道,给予员工晋升的机会和平台,激励员工不断努力工作,让员工感受到对其职业化成长的追求和支持,提高自己的专业技能和管理能力,最终实现个人和企业的共赢。

2. 特点之二：员工对家庭的责任和关注

托育机构员工需要承担照顾幼儿的任务,每天需要付出大量的时间和精力,这与其他工作的员工存在较大的不同性。托育机构要激励员工,应该更加注重员工家庭的需要,尊重员工对家庭的责任和关注。

（1）弹性工作时间

员工在照顾幼儿的同时,还需要照顾自己的家庭,托育机构需要根据员工家庭的情况,缓解员工的工作压力,如实行弹性的上下班时间,定制不同时间段的排班方案、提供灵活的加班补贴等方式让员工尽可能地兼顾工作和家庭。

（2）假期和休假

托育机构应该按照国家法规给予员工各项合法的假期和休假,方便员工在工作和家庭之间更好地平衡。例如提供春节、国庆等长假,带薪病假,产假,陪伴产假,家庭照顾假等休假福利,让员工可以处理家庭和工作的事务。

（3）家庭关爱计划

托育机构能够考虑设立家庭关爱计划,关注员工家庭状况,如员工的配偶和依赖员工的老年人或小孩等,提供相关的帮助和支持。计划执行得当,既能激励员工工作的热情,又能增强企业形象。

3. 特点之三：员工的专业特性

托育机构的员工具有专业特性,需要针对其特殊的工作性质制订相应的激励计划。

（1）行业特色激励

行业特色激励主要是指为了提高员工的特殊技能、知识、主动思维和应变能力等,提供特别的培训和实践机会。托育机构可以制订培训计划,安排专项培训,让员工学习知识,提高执行能力,帮助托育机构高效、智能地管理和运营。

（2）激励分享

托育机构可以开展工作分享会议,并且邀请内外部专家讲授往届经验,让员工有机会了解更多业界的发展动态和专业的指导,加速员工的学习和成长。

（3）创新激励

托育机构是以婴幼儿健康照护服务为主,需要不断进行创新,提升服务质量,提升其自身的品牌和影响力,激发员工积极性,从而使托育机构更加有竞争力。托育机构可以利用员工内部竞赛或组织立项创新等,切实提高员工的职业素质和工作效能,为企业的创新和发展提供源源不断的动力。

单元小结

托育机构岗位设置是根据服务职责、岗位职责和工作标准等要素将不同的照护工作职能归类为不同岗位名称,以便于组织管理和工作分配;科学、适宜的人员配置可以有效地提高托育机构的服务质量和管理水平;团队建设是现代托育机构管理的关键和基础,有利于提升托育机构的工作效率和服务质量。

思考与练习

在线练习

一、单项选择题

1. 下列不属于托育机构岗位设置依据的是( )。
   A. 国家相关法律法规的要求 　　　　B. 托育机构的规模以及服务内容的要求
   C. 托育机构从业人员职业发展通道的需求 　D. 托育机构负责人自身的经验与优势

2. 托育机构的岗位设置要按照《托育机构设置标准（试行）》和《托育机构管理规范（试行）》中的相关要求，这体现的是( )。
   A. 政策导向原则 　　　　　　　　　　B. 政治导向原则
   C. 发展性导向原则 　　　　　　　　　D. 可持续性原则

3. 托育机构中乳儿班的师生配比为( )。
   A. 1∶3 　　　　B. 1∶5 　　　　C. 1∶7 　　　　D. 1∶9

4. 下列不属于团队建设价值的是( )。
   A. 有利于提高团队的凝聚力 　　　　　B. 有利于提高团队成员的照护水平
   C. 有利于招聘更多的员工 　　　　　　D. 有利于建立有效的沟通和反馈机制

二、判断题

1. 经济奖励是最好的员工激励方式。 （ ）
2. 团队建设中的沟通渠道建设属于选择项目，可有可无。 （ ）
3. 根据规定，所有托育机构都必须配备保健人员。 （ ）
4. 托育机构规模越大，团队建设的内容就越多。 （ ）

三、简答题

1. 托育机构人员配置的依据有哪些？
2. 托育机构团队建设的方式有哪些？
3. 托育机构岗位设置中容易出现哪些问题？

四、实训任务

　　李梅是一家托育机构的负责人，因为生源火爆，目前托育机构员工规模达到了 30 人，但员工多了后李梅发现团队管理难度越来越大，团队中不和谐的声音越来越多，才意识到加大团队建设的难度。请思考，李梅应该如何进行团队建设？如何激励员工？

图书在版编目(CIP)数据

托育机构组织管理/吴美蓉,朱晨晨主编.—上海:复旦大学出版社,2024.1
ISBN 978-7-309-17025-2

Ⅰ.①托…　Ⅱ.①吴…　②朱…　Ⅲ.①托儿所-组织管理-教材　Ⅳ.①G617

中国国家版本馆 CIP 数据核字(2023)第 189808 号

托育机构组织管理
吴美蓉　朱晨晨　主编
责任编辑/高丽那

复旦大学出版社有限公司出版发行
上海市国权路 579 号　邮编:200433
网址:fupnet@ fudanpress.com　http://www.fudanpress.com
门市零售:86-21-65102580　团体订购:86-21-65104505
出版部电话:86-21-65642845
上海丽佳制版印刷有限公司

开本 890 毫米×1240 毫米　1/16　印张 8　字数 237 千字
2024 年 1 月第 1 版第 1 次印刷

ISBN 978-7-309-17025-2/G・2532
定价:30.00 元